US-SONDERVERBÄNDE

DAS SPECIAL OPERATIONS COMMAND IM BILD

MH-53J Pave Low der 21st SOS während des Unternehmens »Provide Comfort« in Kurdistan

DAS SPECIAL

OPERATIONS COMMAND

IM BILD

Patrick Allen

Motor
buch
Verlag

Zwei Hercules MC-130 Comcat Talon beim Abwurf
von Infrarot-Täuschkörpern über dem Meer.

Einbandgestaltung: Luis Dos Santos unter
Verwendung von Vorlagen aus dem Buch.

Das englischsprachige Originalwerk erschien unter dem Titel
»US SPECIAL OPERATIONS COMMAND in ACTION«
bei Airlife Publishing Ltd, 101 Longden Road, Shrewsbury,
SY3 9EB, England, 2002.

Copyright c Patrick Allen 2002.

Ins Deutsche übertragen von Mario Hahnemann
Deutsche Bearbeitung: Mario Hahnemann und Martin Benz

ISBN 3-613-02421-7

1. Auflage 2004
Copyright © by Motorbuch Verlag,
Postfach 103743, 70032 Stuttgart.
Ein Unternehmen der Paul Pietsch-Verlage GmbH & Co.

Sie finden uns im Internet unter www.motorbuch-verlag.de

Lektor: Martin Benz M.A.
Innengestaltung: GreenTomato Süd GmbH, Stuttgart
Satz und Bindung: Graspo CZ, 70302 Zlin
Printed in Czech Republik

Dank

Im Folgenden möchte ich allen danken, die mich bei den Arbeiten an diesem Buch unterstützt haben: Major Thomas Collins, Hauptquartier des Heeres, Carol Darby und *Staff Sergeant* Amanda Glenn, Hauptquartier ASOC; Elsie Jackson und all den anderen in Fort Benning und Camp Merrill; den Mitarbeitern des Hauptquartiers USAFSOC und *Master Sergeant* Chuck Roberts bei der RAF in Mildenhall; *Gunnery Sergeant* Joseph P. Jascur beim Hautquartier des USMC sowie Lieutenant Michael Armistead, den Fotografen des USMC der *22 Marine Expeditionary Unit; Lieutenant Commander* Dawne Cutler im Hautquartier der Marine und dem Marine-Bilderdienst in Washington.

Abkürzungen

ALARP	Air Land Arming and Refueling Point	*Nachschub- und Tankplatz für Luftlandeoperationen*
ASOC	Army Special Operations Command	*Kommando für Sonderoperationen des Heeres*
BUD	Basic Underwater Demolition	*Grundkurs im Unterwassersprengen*
CAS	Close Air Support	*Luftnahunterstützung*
CCAD	Computer Controlled Air Drop	*Rechnergestütztes Absetzen, rechnergestützter Fallschirmabwurf*
CCDS	Computer Controlled Drop System	*Rechnergestütztes Absetzsystem für Luftlandungen*
CCT	Combat Control Team	*Kampflotsentrupp*
CSAR	Combat Search and Rescue	*Bergen und Retten im Feindgebiet, Kampfrettung*
CWT	Combat Weather Team	*Frontmeteorologentrupp*
DAP	Direct Action Penetrator	*Kampfhubschrauber/Erdkampfflugzeug*
ESS	External Stores System	*Außenlast-Rüstsatzsystem*
EUCOM	European Command	*(Ober)Kommando Europa*
FARP	Foward Arming and Refueling Point	*Vorgeschobener Nachschub- und Tankposten, Gefechtslandeplatz*
FLIR	Forward Looking Infra-Red	*Vorwärtssicht-Infrarotgerät*
FORB	Forward Operations and Refueling Base	*Vorgeschobener Feldflug- und Tankplatz*
GMRS	Ground Marker Release System	*Bodensignalsystem für Luftlandungen/Lastenabwürfe*
HALO/HAHO	High Altitude Low Opening/High Altitude High Opening	*Fallschirmsprung aus großer Höhe mit Öffnung des Schirms in geringer Höhe bzw. unmittelbar nach Verlassen des Luftfahrzeugs*
HLS	Helicopter Landing Site	*Hubschrauberlandeplatz*
HUD	Head-up Display	*Blickfeld-Darstellung*
IDAS/MATT	Interactive Defence Avionics System/ Multi-Mission Advanced Tactical Terminal	*Interaktives Avioniksystem, das die gesamten für Navigation und Einsatz relevanten Daten einschließlich der elektronischen Abwehrsysteme verarbeitet und abstimmt*
IQTC	Initial Qualifications Training Course	*Auswahllehrgang*
JFKSWCS	John F. Kennedy Special Warfare Centre and School	*John F. Kennedy Zentrum und Schule für Sonderkriegführung*
JSOC	Joint Special Operations Command	*Oberkommando für Sonderoperationen aller Teilstreitkräfte*
LAP	Low Altitude Parachute Extraction	*Lastenabwurf mit Zug-Fallschirmen im Tiefstflug*
LDA	Lateral Drift Apparatus	*Landeseilbahn am Sprungturm*
LRSLC	Long Range Surveillance Leaders Course	*Fernspählehrgang*
LRSP	Long Range Surveillance Patrol	*Fernspähtrupp/Fernpatrouille*
LZ/DZ	Landing Zone/Drop Zone	*Lande-/Absetzzone*
MEU	Marine Expeditionary Unit	*Einsatzkommando der Marineinfanterie*
MFD	Multi-Function Display	*Multifunktionelle Darstellung (Bildschirm)*
MOUT	Military Operations in Urban Terrain	*Kampf in bebautem Gelände/Orts- und Häuserkampf*
NEO	Non-Combatant Evacuation	*Evakuierung von Zivilisten*
NVO	Night Vision Goggles	*Nachtsichtbrille*
PAVE LOW	Phased Array Vertical Emission, Low Object Warning	*Geländefolge- und Hinderniswarnradar*
PJ	Para-Jumper	*Fallschirmspringer (hier: Fallschirmretter)*
RAP	Ranger Assessment Phase	*Beurteilungsabschnitt während der Ranger-Ausbildung*
RAWS	Ranger Anti-Tank Weapon System	*Ranger-Panzerabwehrwaffe*
RSOV	Ranger Special Operations Vehicle	*Ranger-Fahrzeug für Sonderoperationen*
RTU	Return to Unit	*Rückversetzung zur Stammeinheit; abgelöst werden*
SAW	Squad Automatic Weapon	*Trupp-MG*
SDV	SEAL Delivery Vehicle (auch: Swimmer Delivery Vehicle)	*Verbringungsfahrzeug für Kampfschwimmer, Taucher-Verbringungsfahrzeug*
SEAL	Sea, Air and Land	*Meer, Luft und Land (zu Wasser, zu Lande und in der Luft)*
SLT	Swing Landing Trainers	*Pendel (Lande-Übungsgerät an der Luftlandeschule)*
SOAR	Special Operations Aviation Regiment	*Heeresfliegerregiment für Sondereinsätze*
SOC	Special Operations Capable	*Zu Sonderunternehmen befähigt*
SOCEUR	Special Operations Command Europe	*(Ober)Kommando für Sonderoperationen Europa*
SOF	Special Operations Forces	*Sondereinsatzkräfte*
SOG	Special Operations Group	*Sondereinsatzgruppe*
SOP	Standard Operating Procedure	*Vorgehen nach Vorschrift/Grundtechnik bzw. -taktik*
SOS	Special Operations Squadron	*Sondereinsatzstaffel*
SOW	Special Operations Wing	*Sondereinsatzgeschwader*
STS	Special Tactics Squadron	*Staffel für Sonderaufgaben*
SPIES/FRIES	Special Patrol Insertion/Extraction System / Fast Rope Insertion/Extraction System	*Besondere Seil-/Gurtvorrichtung zur schnellen Verbringung von Sondereinsatzkräften*
TF/TA	Terrain Following/Terrain Avoidance	*Geländefolge-/Hinderniswarn...*
TIALD	Thermal Imaging Airborne Laser Designation	*Bordgerät für Wärmebild-Laserzielbeleuchtung*
TRAP	Tactical Recovery of Aircraft and Personnel	*Bergen von Luftfahrzeugen und Besatzungen in Feindgebiet*
TSOC	Theatre Special Operations Command	*Schulen und Lehreinrichtungen des SOC*
UAV	Unmanned Aerial Vehicle	*Unbemanntes Fluggerät (Drohne)*
UNOSOM	United Nations Operation Somalia	*Operation der Vereinten Nationen in Somalia*
USAFSOC	United States Air Force Special Operations Command	*Kommando Sonderoperationen der US-Luftwaffe*
USSOCOM	United States Special Operations Command	*Kommando für Sonderoperationen der Vereinigten Staaten*

Nächtliche Treibstoffübernahme einer MC-130H Combat Talon II von einem
Tankflugzeug KC-135. Die Aufnahme entstand durch ein Nachtsichtgerät.

Einleitung

Einführung

Die Vereinigten Staaten von Amerika bleiben international die größte Militärmacht und verfolgen weiterhin das Ziel globaler Präsenz durch militärische Operationen und Übungen, die täglich weltweit in mehr als 60 Ländern stattfinden. Seit Ende des Kalten Krieges haben US-Streitkräfte in Grenada, Panama, am Golf und in Teilen Afrikas gekämpft. Neben diesem rein militärischen Engagement unterstützen sie weltweit zahllose friedensbildende und humanitäre Maßnahmen, so etwa auf dem Balkan, in Kurdistan, Ruanda oder Somalia.

Mit dem Ende des Kalten Krieges und der Anpassung an die veränderte Großwetterlage hatten die Vereinigten Staaten in den späten 90er-Jahren die personelle Stärke ihrer Streitkräfte zunächst stark verringert. Die neuen militärischen Doktrin sehen unter anderem harte Erstschläge und eine abgestufte, schnelle Reaktion der Streitkräfte auf weltweite Krisen vor – sei es im Rahmen regionaler Konflikt-

bewältigung, humanitärer und friedenssichernder Maßnahmen oder der Katastrophenhilfe.

Die umgebildeten und zahlenmäßig verringerten Streitkräfte erhielten jedoch eine bessere Ausbildung und Ausrüstung, zu der modernste militärische Technologien zählen.

Dadurch, dass sich der Schwerpunkt militärischer Einsätze auf die schnelle Bewältigung ständig wechselnder Herausforderungen verlagerte, nahm auch die Bedeutung der Sondereinsatzverbände zu. Diese stellen die ersten US-Kontingente, die bei militärischen Operationen entsandt werden.

Der Gemeinsame Führungsstab der US-Sonderverbände

Das Fehlschlagen der Operation »Eagle's Claw/Operation Rice Bowl« zur Befreiung von 53 amerikanischen Geiseln, die im April 1980 in Teheran gefangen gehalten wurden und das darauf folgende Desaster bei »Desert One« (ein Tank- und Versorgungsstützpunkt 265 Meilen ostwärts von Teheran) endete mit dem Tod von acht Soldaten und dem Abbruch des

Ein für Sondereinsätze tauglicher Hubschrauber CH-46 und eine Transportmaschine Hercules C-130 auf einer Wüstenpiste.

Unternehmens. Dieser Misserfolg zog eine Reihe von Ermittlungen seitens hochrangig besetzter Untersuchungsausschüsse nach sich. Diese kamen zu dem Ergebnis, dass ein Problem für die Fehlschläge darin gelegen hatte, dass die beteiligten Einheiten von Heer, Luftwaffe, Marine und Marinekorps nie zuvor gemeinsam geübt oder anderweitig zusammen gearbeitet hatten. Dazu mussten sie mit Fluggerät operieren, dass ihnen fremd war und das nicht für derartige Spezialeinsätze tauglich oder ausgerüstet worden war.

Als weiteres Problem wurde das Fehlen eines gemeinsamen Führungsstabes erkannt, obgleich der Einsatz von Washington durch einen aus den beteiligten Teilstreit kräften gebildeten Stab geführt worden war.

Die nach ihrem Vorsitzenden benannte Holloway-Kommission empfahl die Einsetzung eines so genannten *Joint Special Operations Command* (JSOC), also einer Kommandobehörde, die für Führung und Koordination der Sondereinsatzverbände von Heer, Luftwaffe, Marine und Marineinfanterie-Korps zuständig bzw. verantwortlich sein sollte. Weiterhin empfahl die Kommission, dass Heer und Marine künftig mit nacht- und tiefflugtauglichen Flugzeugen

und Helikoptern ausgerüstet werden sollten, die bei jedem Wetter und über große Entfernungen hinweg unbemerkt in fremdem Luftraum operieren konnten.

Das *US Special Operations Command* (USSOC), also das Kommando der Sonderverbände, wurde am 6. April 1987 in Stärke von rund 40.000 Mann auf dem Luftwaffenstützpunkt MacDill in Florida aufgestellt. Ihm gehören aktive Soldaten, Reservisten und Nationalgardisten von Heer, Luftwaffe und Marine an. Das Hauptquartier, das Joint Special Operations Command, liegt in Fort Bragg, North Carolina.

Das JSOC ist für alle Angelegenheiten verantwortlich, die im Zusammenhang mit Sondereinsätzen stehen. Dazu gehört die Standardisierung der Ausrüstung und der technischen Voraussetzungen, die für gemeinsame Spezialoperationen notwendig sind, einschließlich der Planung und Leitung von Übungen, die Ausbildung sowie die Entwicklung besonderer Taktiken. Das USSOC stellt auch das Personal für die besonderen Ausbildungseinrichtungen, das so genannte *Theatre SOC* (TSOC). Jede Ausbildungseinheit hat ihre eigene Führung, die sich mit dem jeweiligen Einsatzszenario eines bestimmten Auftrages befasst und für dessen spezielle Erfordernisse ein entsprechendes Programm ausarbeitet.

Diese TSOC-Einheiten planen und leiten zusammen mit kampferfahrenen Einheitsführern aus den jeweiligen Sparten das Zusammenwirken der Sondereinheiten der Teilstreitkräfte und sorgen dafür, dass deren Einsätze mit den übergeordneten konventionellen Planungen abgestimmt werden.

Durch die Vorgabe einer klaren Befehlsstruktur ist das TSOC in der Lage, die in den jeweiligen Einsatzszenarien trainierenden Sondereinsatzkräfte und das entsprechend geschulte Führungspersonal bei der Planung und Leitung gemeinsamer Aufträge zu führen.

Das TSOC sorgt auch dafür, dass die Sondereinsatzkräfte an den Planungen übergeordneter oder beigeordneter Operationen teilnehmen, so dass die Ausbilder mit allen Unterstützungsmaßnahmen und Erfordernissen der unterschiedlichsten Szenarien vertraut sind.

Zu den größeren, dem USSOC unterstellten Verbände gehören:

1. Das *US Army Special Operations Command (Airborne)* stationert in Fort Bragg, North Carolina
2. Das *Naval Special Warfare Command*, stationiert in Coronado, Kalifornien
3. Das *US Air Force Special Operations Command,* stationiert in Hurlburt Field, Florida.

Hinweis
Zur Vertiefung und Ergänzung sei das Werk *US-Eliteverbände. SEALs, Green Berets, Rangers, USAF Special Operations, Marine Force Recon* von David Bohrer empfohlen. Es erschien 2001 ebenfalls im Motorbuch Verlag.

1. Kapitel

Das Kommando Sonderoperationen des Heeres

US Army Special Operations Command (Airborne)

Das *US Army Special Operations Command (Airborne),* abgekürzt USASOC, – der Führungsstab für die Sonderverbände des Heeres – wurde am 1. Dezember 1989 in Fort Bragg, North Carolina, aufgestellt, um Schlagkraft und Einsatzbereitschaft der Heeres-Spezialverbände zu erhöhen, zu denen etwa die *Green Berets* der *Special Forces,* die Antiterror-Truppe *Delta Force,* das 75. Ranger-Regiment, Sondereinsatzgeschwader der Heeresflieger oder Einheiten der Psychologischen Kriegsführung gehören, die im Bedarfsfall schnell in alle Welt entsandt werden können. Zu den dem USASOC unterstellten Kommandobehörden und Einrichtungen zählen das *US Army Special Forces Command (Airborne),* das *US Army Civil Affairs and Psychological Operations Command (Airborne)* und das *US Army John F. Kennedy Special Warfare Center and School.* Zu den unterstellten größeren Verbänden gehören das *75th Ranger Regiment,* das *160th Special Operations Aviation Regiment (Airborne)* und das *US Army Special Operations Support Command (Airborne),* das die Operationen des *528th Special Operations Support Battalion (Airborne)* und des *12th Special Operations Signal Battalion* führt.

Die Sonderverbände des Heeres

Das USASOC ist für die Führung der Sonderverbände des Heeres, der *Special Forces,* einschließlich jener der Reserve verantwortlich und sorgt für die Organisation, die Ausbildung und die Einsatzbereitschaft von Spezialverbänden der Nationalgarde.

Die Aufgabe des USASOC besteht darin, die Sondertruppen des Heeres auf ihre vielfältigen Einsätze vorzubereiten, sie dementsprechend auszubilden und den erforderli-

Ein Viermann-Trupp beim Üben des so genannten SPIES/FRIES-Verfahrens, dem schnellen Verbringen am Seil mittels Hubschrauber (hier: Black Hawk).

Kommandosoldaten bei einer Übung. Gut zu erkennen: Das Granatabschussgerät M-203 am Karabiner M-4 im Vordergrund.

chen Ausbildungsstandard zu erhalten. Es gibt fünf aktive Sondereinsatz- und zwei Reserveverbände. Jeder besteht aus ungefähr 1400 Mann »Green Berets«, die in drei Bataillone mit je einer Stabs- und einer Versorgungskompanie gegliedert sind. Die einzelnen Kompanien untergliedern sich in zwölf Mann starke, so genannte *A Teams* unter Führung eines Hauptmanns.

Jedem dieser als *Special Forces Group (Airborne)* bezeichneten Verbände ist ein bestimmter Einsatzraum zugeteilt.
1st Special Forces Group (Airborne) in Fort Lewis, Washington. Einsatzraum: Pazifik und Ostasien, einschließlich Korea. Eine Abteilung ist auf Okinawa (Japan) stationiert.
3rd Special Forces Group (Airborne) in Fort Bragg, North Carolina. Einsatzraum: Afrika und Karibik.
5th Special Forces Group (Airborne) in Fort Campell, Kentucky. Einsatzraum Südwest-Asien, Kuwait, Nord- und Zentralafrika.
7th Special Forces Group (Airborne). Einsatzraum: Mittel- und Südamerika einschließlich Puerto Rico.
10th Special Forces Group (Airborne) in Fort Carson, Colorado. Einsatzraum: Europa und Nordwest-Asien. Das 1. Bataillon ist in Deutschland stationiert.

Auch Reserve und Nationalgarde verfügen über je eine *Special Forces Group:*
19th Special Forces Group (Airborne), stationiert in Camp Williams, Utah. Einsatzraum: Pazifik und Teile Asiens.
20th Special Forces Group (Airborne), stationiert in Birmingham, Alabama. Einsatzgebiet: Südraum, einschließlich Westasien.

Alle Angehörigen der *Green Berets* werden sorgfältig ausgewählt und entsprechend ausgebildet. Dazu gehören auch Übungen in Gebieten, die den vorgesehenen Einsatzräumen klimatisch entsprechen bzw. ihnen angepasst sind, um eine optimale Vorbereitung sicher zu stellen.

Jeder Soldat wird in unkonventioneller Kriegsführung, Fernaufklärung, Zusammenarbeit mit der Zivilbevölkerung und bestimmten Volksgruppen im Einsatzraum, sowie in der Terrorismusbekämpfung ausgebildet.

Unkonventionelle Kriegsführung

Unkonventionelle Kriegsführung umfasst ein breites Spektrum an militärischen und paramilitärischen Operationen in feindbesetztem, vom Gegner kontrolliertem Gebiet oder in politisch sensiblen bzw. instabilen Räumen. Dazu gehören etwa die Ausbildung und Führung von Guerillas und eine Reihe von Operationen offensiven oder geheimen Charakters.

Ferner sind die *Special Forces* auch darin ausgebildet, längere Zeit unter der Zivilbevölkerung ihrer jeweiligen Operationsgebiete zu leben und diese auf vielfältige Art und

-Soldaten beim Fallschirmspringen mit statischer Reißleine.

Freifaller beim Sprung über die Heckrampe eines MH-47 Chinook.

Green Berets bei einem Übungssprung aus großer Höhe. In extremen Höhen müssen Sauerstoffmasken getragen werden.

Weise zu unterstützen und ihr Vertrauen zu gewinnen (Ausbildung, Training, Organisation, Logistik), zum Teil auch, um letztlich Partisanengruppen aus ihr zu bilden.

Kommandounternehmen und Sabotage

Alle *Green Berets* sind natürlich für Kommando-Unternehmen ausgebildet, um bestimmte Ziele zu nehmen oder zu zerstören; Gefangene einzubringen oder zu befreien, Personen (z.B. abgeschossene Flugzeugbesatzungen) oder wichtige Gegenstände hinter den feindlichen Linien zu bergen. Legen von Hinterhalten, Nehmen von Brücken und Gebäuden, Anlegen von Minenfeldern oder Sprengfallen gehören ebenso zum Spektrum wie das Einweisen von Kampfflugzeugen oder Kampfhubschraubern auf bestimmte Ziele, die dann mit fernlenkbaren Abwurfwaffen bzw. Raketen bekämpft werden.

Sabotageakte zur Schädigung bzw. Irreführung des Gegners sind ein weiteres Feld.

Feind- und Fernaufklärung

Die *Special Forces* werden auf Lehrgängen dazu ausgebildet, Informationen auf ihre Richtigkeit zu überprüfen und durch eigene Beobachtung zu bestätigen oder zu berichtigen. Gleichermaßen haben sie gelernt, sich der vielfältigsten Methoden taktischer Informationsbeschaffung zu bedienen, um die Absichten des Gegners und seine Stärke herauszufinden; außerdem wichtige Operationsziele oder Truppenansammlungen zu erkunden.

Eine derartige Aufklärung ergänzt und vervollständigt die strategische Satelliten- und Luftaufklärung sowie die Späh- und Gefechtsaufklärung konventioneller Verbände.

Unterstützung befreundeter Regierungen

Herrschen in einem mit der USA befreundeten Land instabile Verhältnisse, sorgen die *Green Berets* auch hier für Abhilfe, indem sie auf ihre Weise gegen Aufrührer und Insurgenten vorgehen; meist indem sie sich vorher mit wirtschaftlichen und sozialen Hilfeleistungen der Unterstützung der Bevölkerung vergewissern. Außerdem fungieren sie als Militärberater und Ausbilder vorhandener militärischer und paramilitärischer Kräfte des Landes. Die *Special Forces* unterstützten beispielsweise auch verschiedene Staaten Mittel- und Südamerikas beim Kampf gegen die Drogenmafia, indem sie paramilitärische Verbände sowie Polizeikräfte für diese Aufgabe ausbildeten.

Terrorismus-Bekämpfung

Special Forces-Soldaten wirken terroristischen Aktivitäten durch Aufklärung vor Ort bzw. durch aktives Eingreifen entgegen. Oftmals werden die Antiterror-Spezialisten des *1st Special Forces Operational Detachment-Delta (SFOD-D)* in diese Unternehmen mit einbezogen.

Auswahl und Ausbildung

Die Durchführung derartiger Aufträge setzt hochmotivierte und gut ausgebildete Soldaten voraus. Die Auswahl der Bewerber und die entsprechende Ausbildung wird am *US Army John F. Kennedy Special Warfare Center and School (JFKSWCS)* in Fort Bragg durchgeführt.

In diesem Ausbildungs- und Gefechtsübungszentrum werden die *Special Forces (SF)*-Soldaten nach modernsten Erkenntnissen in Überlebenskursen und Ausweichmanövertaktiken geschult und bekommen, für den Fall ihrer Gefangennahme, Durchhalte- und Fluchttaktiken beigebracht. Die Schule vermittelt natürlich auch Einsatz- und Führungsgrundsätze und beschäftigt sich außerdem mit der Verbesserung und Weiterentwicklung der Ausrüstung von Spezialeinheiten.

SF-Bewerber müssen im Vergleich zu »normalen« Soldaten überdurchschnittliche Leistungen vorweisen, eine Zuverlässigkeitsüberprüfung bestanden sowie den Springerlehrgang abgeschlossen haben.

Sind diese Bedingungen erfüllt, kommen sie zum *1st Battalion* des JFKSWCS, wo in einem dreiwöchigen Auswahllehrgang ihre körperliche und geistige Belastbarkeit festgestellt wird. Erfolgreiche Absolventen durchlaufen nun beim 1. Bataillon eine über zwei Jahre dauernde SF-Grundausbildung, in der sie sich letztlich für die Übernahme in die *Special Forces* qualifizieren. Diese beinhaltet den SF-Grundlehrgang, einen Fremdsprachen-Grundkurs und einen SF-Aufbaulehrgang. Der SF-Grundlehrgang umfasst die Ausbildung an verschiedensten Handfeuerwaffen, im Sanitäts-, Fernmelde- und Pionierwesen. Offizierbewerber durchlaufen einen Offiziergrundlehrgang.

Nachdem die Bewerber sich nun grundlegend qualifiziert haben, nehmen sie an der Fortgeschrittenen-Ausbildung

Moderne Flächenschirme sind für HALO/HAHO-Sprünge unverzichtbar. HAHO = *High Altitude, High Opening*; Sprung aus großer Höhe mit anschließendem Gleiten; HALO = *High Altitude, Low Opening*; Sprung aus großer Höhe mit Öffnung des Schirms in geringer Höhe.

beim *3rd Battalion* teil. Dort werden die Fremdsprachenkenntnisse vertieft, weitere Winkelzüge der psychologischen Kriegsführung vermittelt und die Besonderheiten verschiedener Einsatzräume vorgestellt.

Danach werden die Kandidaten dem *2nd Battalion* zur weiterführenden Spezialausbildung überstellt. Dazu gehören:

Freifaller-Lehrgang (4 Wochen) und Absetzer-Lehrgang (3 Wochen)

Hier werden in Tag- und Nachsprüngen HALO- und HAHO-

Oben: Teil der Wasserausbildung der *Special Forces* ist die Verbringung mit Wasser- und Luftfahrzeugen. Hier nimmt ein Chinook-Hubschrauber ein Schlauchboot auf, das sozusagen über die Heckrampe an Bord fährt (vgl. Abb. Seite 15). Vor allem den Piloten wird bei derartigen Wasserungen einiges an Können abverlangt.

Techniken vermittelt *(High Altitude Low Opening* = Freifallsprung aus großer Höhe mit Schirmöffnung in niedriger Höhe; *High Altitude High Opening* = Freifallsprung aus großer Höhe mit Schirmöffnung in großer Höhe)

Ausbilder im Antiterrorkampf (9 Tage)

Erkennen terroristischer Aktivitäten (5 Tage)

Überleben und Durchkommen, Verhalten im Verhör (19 Tage)

Bekämpfen von Sonderzielen, Scharfschützen-Lehrgang (6 Wochen)

Mitwirkung bei friedenserhaltenen Maßnahmen der Vereinten Nationen (10 Tage)

SF-Kampftaucher-Grundlehrgang (4 Wochen)
Der vierwöchige Kampftaucher-Grundlehrgang findet in Key West, Florida, statt. Dazu wird ein dreiwöchiger Aufbaulehrgang angeboten, nach dessen Bestehen der SF-Kampftaucher in der Lage sein soll, militärische Tauchoperationen zu führen.

SF-Sanitäterkurs (3 Wochen)

Wer dies alles erfolgreich hinter sich gebracht hat, gilt als voll ausgebildeter *Green Beret* und wird nun einer der *Special Operations Groups* zugeteilt. Dort spezialisiert er sich auf sein jeweiliges Einsatzgebiet und vertieft die erworbenen Kenntnisse.

Delta Force

Die Antiterror-Truppe Delta, offiziell *1st Special Forces Operational Detachment-Delta (SFOD-D)* genannt, wurde am 19. November 1977 von Oberst C.A. Beckwith aufgestellt. Innerhalb der Sonderverbände des Heeres wird der Verband *Delta Force* aufgrund seiner Spezialisierung auf Anti-terrorkampf, Geiselbefreiungen und hochsensible Opera-tionen streng vor den Augen der Öffentlichkeit abgeschottet.

Nach Vorbild des britischen *22nd Special Air Service Regiment* untergliedert sich *Delta Force* in drei *Squadrons* (Kompanien) mit den Bezeichnungen A, B und C. Jede Kom-

Ein MH-47E Chinook des 160. Sondereinsatzgeschwaders setzt ein *Special Forces-Team* im Zodiac-Schlauchboot direkt im Wasser ab.

Unten: Umgekehrt geht es auch: Ein MH-47E Chinook fischt einen Einsatztrupp der *Green Berets* samt Schlauchboot aus dem Nass (vgl. Abb. Seite 14).

Das Zodiac-Schlauchboot bei der spritzigen »Einfahrt« in den Hubschrauber. Der Bediener der Heckrampe rettet sich an die Wand.

panie hat eine Sollstärke von 150 Mann, die auf verschiedene Spezialeinsatzzüge (troops) verteilt sind.

Delta Force ist in Fort Bragg stationiert. Die Truppe rekrutiert sich vorwiegend aus Freiwilligen anderer Spezial- und Eliteverbände, darunter Fallschirmjäger, Ranger, Green Berets, Marineinfanteristen und Seals.

Im August 1993 wurden Teile der Delta Force zusammen mit Soldaten des 75. Ranger Regiments als Teil der Task Force Ranger bei der Operation »UNOSOM II« in Somalia eingesetzt. Obwohl damals nicht veröffentlicht, ist heute bekannt, dass ihre Hauptaufgabe darin bestanden hatte, somalische Rebellenführer, einschließlich Mohammad Farad Aidid, aufzuspüren und gefangen zu nehmen. Die gleiche Rolle spielten sie in Panama während der Operation »Just Cause«, bei der General Manuel Noriega festgenommen werden konnte.

Delta Force-Einheiten waren auch an der Operation »Desert Storm« 1990/91 beteiligt und mischten wahrscheinlich auch im jüngsten amerikanischen Irak-Abenteuer mit. Im ersten Irak-Krieg halfen sie dabei, Stellungen von Scud-Raketen zu lokalisieren und sie versuchten auch, Saddam Hussein aufzuspüren und festzunehmen. In Bosnien waren sie an der Festnahme von mutmaßlichen Kriegsverbrechern beteiligt. Delta Force arbeitet gewöhnlich mit anderen internationalen Spezialverbänden zusammen, darunter die deutsche GSG 9, die französische GIGN und der britische SAS. Personal der Delta Force wird auch zum Schutz der US-Botschaften weltweit eingesetzt.

Oben: Versumpft: Ein *Green Beret* in feuchtem Terrain. Angehörige der *Special Forces* müssen in allen Geländeformen und unter den verschiedensten klimatischen Gegebenheiten ihren Auftrag erfüllen können. Die Brille schützt vor Laserstrahlen und Splittern.

Unten: in SF-Soldat mit ballistischem Helm, der über eine integrierte Hör-/Sprechgarnitur verfügt. Die Vorrichtung vorn ist zur Aufnahme eines Nachtsichtgerätes bestimmt. Auf den Karabiner M-4 mit Granat-abschussgerät M-203 wurde eine optische Zielhilfe aufgesetzt.

Links: SF-Soldaten üben das schnelle Abgleiten am Tau *(Fast roping)* von einem Black-Hawk-Hubschrauber.

Unten: Der Umgang mit Sprengmitteln ist wichtiger Bestandteil des Lehrplans für angehende *Green Berets* am Ausbildungs- und Gefechts-übungszentrums in Fort Bragg *(US Army John F. Kennedy Special Warfare Center and School)*. Die Abbildung zeigt eine Zugangs-sprengung.

Oben: Ein SF-Soldat am 60-mm-Granatwerfer M-224. Die Aufnahme entstand während einer Übung in Kuwait.

Unten: Teilnehmer des Kampftaucher-Lehrgangs an der *Underwater Operations School* in Key West, Florida.

Links: Die Ärmelabzeichen an der Feldbluse dieses Ausbilders der *Ranger School* bekunden den erfolgreichen Abschluss eines Ranger-Lehrgangs sowie die Zugehörigkeit zu einem Luftlande- und *Special Forces*-Truppenteil.

Unten: Abseilen gehört zu den Grundtechniken, die jeder Angehörige der *Special Forces* beherrschen muss.

2. Kapitel

Die Luftlande- und Pfadfinderschule des Heeres

Airborne School/Pathfinder School

Die überwiegende Anzahl aller Angehörigen der Sonderverbände des Heeres und des 75. Ranger-Regiments, der SEALs der Marine und der Air Commandos der Luftwaffe erhalten eine Ausbildung im Fallschirmspringen.

Der Grundlehrgang findet an der Luftlandeschule des Heeres in Fort Benning, Georgia, beim 1. Luftlande-Bataillon des 507. Infanterie-Regiments statt. Dieser Verband ist auch zuständig für die Ausbildung von Pfadfindern, die bei Luftlandeeinsätzen mit Flugzeugen und Hubschraubern die Lande- und Absprungzonen erkunden und Bodenunterstützung leisten.

Die Luftlandeschule Fort Benning

Jährlich durchlaufen über 15.000 Soldaten die *US Army Airborne School,* deren Kader sich aus Ausbildern des Heeres, des Marinekorps und den *»Black Hat«*-Instruktoren der Luftwaffe zusammensetzt.

Letztere werden wegen ihrer charakteristischen schwarzen Schildmützen so genannt. Die Hauptaufgabe der Luftlandeschule besteht darin, Soldaten das militärische Fallschirmspringen beizubringen und bei Ihnen die dafür notwendigen körperlichen und geistigen Voraussetzungen zu schaffen.

Ein *»Black Hat«*-Ausbilder, dessen Mütze eher dunkelblau gefärbt ist, zeigt einem Lehrgangsteilnehmer die richtige Armhaltung bei der Landung.

Während der zweiten Ausbildungswoche sieht man die Lehrgangsteilnehmer öfters im Gurtzeug am so genannten Pendel hängen. Hier lernen sie den Landefall unter verschiedenen »Auftreff«-Winkeln am Boden – vorwärts, seitlich, rückwärs.

Rechts: Ein Großteil der Grundausbildung besteht aus der Vermittlung der richtigen Lande- und Abrolltechniken. Hier gibt ein weiblicher Ausbilder ein paar hilfreiche Tipps zum Verhalten unmittelbar nach der Landung.

In der zweiten Woche geht es auf den rund 12 m hohen Sprungturm, wo die Schüler das Verlassen des Flugzeugs einzeln und dann in der Sprungreihe üben. Im Vordergrund eine Türattrappe für »Trockenübungen«. Wie im Flugzeug werden die Reiß- oder Aufziehleinen in das im Rumpf der Maschine gespannte Stahlkabel eingehakt.

»...und ab!« Sprungschüler beim Verlassen des Sprungturms. Die Ausbilder achten auf die richtige Körperhaltung – Kopf auf die Brust, beide Arme auf die Reserve, Beine nach vorn gestreckt und zusammen. An Seilrollen, hier LDA genannt *(Lateral Drift Apparatus)* gleiten sie zu Boden und landen mit Landefall.

Sprungschüler bereiten gemeinsam einen Schirm für den nächsten Sprung vor. Gut zu erkennen sind der umlaufende Ring, die Bänder und die Seilzugbefestigung oben.

Rechts: Ein »Trockensprung« vom 80-m-Turm. Der Schirm hängt noch an der Befestigung. Gleich wird ein Ausbilder das Kommando zum Auslösen geben (vgl. Seite 28). Hinten ein weiterer Übungsturm.

Alle Lehrgangsteilnehmer sind Freiwillige. Sie dürfen nicht älter als 36 Jahre sein und einen sportlichen Eignungstest bestanden haben. Die Schule gliedert sich in sechs Kompanien, darunter eine Stabs- und eine Unterstützungskompanie. Eine weitere, eigenständige Packer-Kompanie unterstützt die Schule bei den technischen Vorbereitungen für das Fallschirmspringen. Jede Kompanie stellt auf Zug- und Gruppenebene Leitende Unteroffiziere ab, die sich für die Dauer des dreiwöchigen Fallschirmspringer-Grundlehrganges

um die Schüler kümmern. Die Ausbildung unterteilt sich in die Boden-, die Turm- und die Sprungwoche. Den Höhepunkt bilden dann fünf Fallschirmsprünge, zu denen auch ein Nachtsprung gehört. Während des gesamten Kurses wird großer Wert auf körperliche Ertüchtigung und äußere wie innere Disziplin gelegt. In erster Linie sollen aber Selbstvertrauen und Mut entwickelt bzw. gestärkt werden.

Nicht alle Lehrgangsteilnehmer haben letztendlich das Ziel, Fallschirmjäger zu werden oder in einem Spezialverband

Verwendung zu finden. Diejenigen, die sich dafür qualifizieren, lassen sich an einem Stern über dem Springerabzeichen des Heeres erkennen.

Die Bodenausbildung

Während dieser Woche treiben die Lehrgangsteilnehmer viel Sport und werden in die Grundtechniken des Fallschirmspringens eingewiesen. Sie üben den Landefall zunächst von der Rampe und dann vom Pendel, bevor es an die Türattrappe geht. Zunächst einzeln und dann in der Sprungreihe lernen sie das richtige Verlassen der Transportmaschine. Gegen Ende der Woche geht es dann auf den 12-m-Sprungturm. Hier ist Selbstüberwindung und Mut gefragt, wobei die Schüler keinesfalls ins Leere fallen, sondern von einer mit dem Gurtzeug verbundenen Vorrichtung ruckartig aufgefangen werden. Anschließend

gleiten sie über Rollen an Stahlseilen zu Boden (Lateral Drift Apparatus, LDA), wobei sie ihren Ausbildern den richtigen Landefall vorführen müssen. Bereits am Sprungturm scheidet sich die Spreu vom Weizen. Wer verweigert oder sich beim Landen an der Rolle so ungeschickt anstellt, dass er sich beim richtigen Springen vermutlich verletzen wird, wird vom Lehrgang abgelöst

Die Turmwoche

Die Turmwoche dient dem Ausbau der in der vorangegangenen Woche erlernten Fähigkeiten, wobei der Schwerpunkt auf dem Reihensprung liegt. Dabei wird ausgiebig am 12-m-Sprungturm geübt. Dann schnuppern die Schüler erstmals Höhenluft, denn nun geht es an die 80-m-Fallschirmtürme. Diese gleichen auf den ersten Blick Hochspannungsmasten, verfügen jedoch über vier statt nur zwei Ausleger. Vorn an

Links: Der Springer schwebt hernieder und wird gleich im »Sandkasten« der Landezone aufsetzen. Ausbilder geben letzte Anweisungen und Mitschüler verfolgen gespannt die Landung.

Unten: Auf dem Heeresflugplatz Lawson *Army Airfield* begibt sich der Lehrgang in zwei Reihen an Bord einer Transportmaschine Hercules C-130 H zum ersten Sprung.

In einem Hangar auf dem *Lawson Army Airfield* überprüft ein Ausbilder bzw. Absetzer vor dem ersten Sprung, ob Gurtzeug und Reserve richtig angelegt wurden.

Die Schirme dieser Springer sind mit einer weißen Reißleine versehen; sie werden also aus einer C-17 Globemaster springen. Die Maschine steht mit geöffneter Heckrampe zur Aufnahme des Lehrgangs bereit.

Springer verlassen die C-17 Globemaster über die beiden seitlichen
Hecktüren. Die Öffnungsphasen der Schirme sind gut zu erkennen.

der Spitze jedes Auslegers befindet sich ein Seilzug-Mechanismus, an dem eine besondere Vorrichtung hängt. Sie besteht aus einem metallenen Ring mit dem Durchmesser einer Fallschirm-Rundkappe des Modells T-10 und etlichen umlaufenden Befestigungsgurten (siehe Abbildung S. 26 oben). Darin wird die Kappe des Fallschirms befestigt und mitsamt dem – im Gurtzeug darunter hängenden – Springer von einem Elektromotor nach oben gezogen. Auf Kommando eines Ausbilders wird der Haltemechanismus gelöst und der Springer schwebt an der bereits entfalteten Kappe zu Boden. Ist der Schüler gelandet, wird die gesamte Apparatur für den nächsten Kandidaten herabgelassen und das Spiel beginnt von vorn. Die jeweils vorherr-

schende Windrichtung ist entscheidend dafür, welcher der vier Arme bzw. Ringe benutzt wird. Ende der 30er-Jahren ursprünglich als Attraktion für Ausstellungen und Messen entworfen, wurde das System von der Armee übernommen und modifiziert, so dass ein ausgezeichnetes Übungsgerät für Fallschirmsprünge entstand.

Die Sprungwoche

Jetzt wird es ernst und bei den meisten Lehrgangsteilnehmern stellt sich so langsam eine Mischung zwischen flauem Gefühl in der Magengegend und Freude auf den ersten Sprung ein. Die Teilnehmer müssen fünf Reihen-

Links: Angehende Pfadfinder beim Absprung mit Zwangsöffnung aus einem UH-60 Black-Hawk-Hubschrauber. Der Pilot wurde durch einen Lehrgangsteilnehmer am Boden in die Absetzzone eingewiesen.

Oben: Der Absetzer gab eben das Signal zum Sprung. Im Unterschied zum Flugzeug sitzen die Springer vor dem Sprung in den geöffneten Seitentüren des Hubschraubers..

sprünge, darunter einen Nachtsprung, absolvieren. Diese Sprünge werden normalerweise auf dem Sprungfeld Fryar *(Fryar Drop Zone)* in Fort Benning durchgeführt. Gesprungen wird von Montag bis Mittwoch. Kann auf Grund schlechter Witterung an einem dieser Tage nicht gesprungen werden, ist Donnerstag als Ausweichtag vorgesehen.

Die Lehrgangsteilnehmer werden also zunächst auf den Heeresflugplatz Lawson gefahren und legen dort das Gurtzeug mit dem Fallschirm an. Nach den üblichen Überprüfungen der Ausbilder und Absetzer geht es an Bord. Gesprungen wird entweder aus einer viermotorigen C-130 Hercules oder der riesigen vierstrahligen C-17 Globemaster III. Die C-17 Globemaster, die erst vor wenigen Jahren in Dienst gestellt wurde, entwickelte sich dank ihres geräumigen Frachtraumes und der breiten Türen zum »Liebling« der Fallschirmspringer. Auf Grund veränderter Rumpfturbulenzen im Vergleich zur Hercules wurde die statische Reißleine um 1,5 m auf insgesamt 6,5 m verlängert. Im Unterschied zur gelben Reißleine für Sprünge aus der Hercules ist die neue »Globemaster«-Reißleine weiß gefärbt. In den kommenden Jahren soll eine verstellbare Einheits-Reißleine Verwendung finden, damit das umständliche Umpacken entfällt, wenn von einem Flugzeugtyp auf den anderen umgerüstet werden muss.

Die Lehrgangsteilnehmer werden gewöhnlich aus einer Höhe von ca. 380 m abgesetzt. Vor jedem Sprung wird als erstes ein so genannter *Wind Checker* in Form eines langen farbigen Bandes abgeworfen, an dem die Absetzer die Winddrift erkennen. Erst nachdem diese Drift ermittelt ist, gibt es »Grünes Licht« – das Zeichen für den Absprung. In schneller Folge treten die Springer – die zuvor ihre Reißleinen in das Stahlkabel eingehakt haben, das als

Widerlager der Aufziehleinen für die Zwangsöffnung sorgt – in die Türen und verlassen das Flugzeug. Ist der letzte Springer eines Anfluges gelandet, beginnt das nächste Flugzeug mit dem Anflug auf die Absetzzone.

Eine der Hauptvorzüge der C-17 Globemaster liegt darin, dass man mit diesem Flugzeugtyp ein rechnergestütztes Absetzen der Springer durchführen kann *(Computer Controlled Air Drop, CCAD)*. Hat der Flugzeugführer die Absprungzone erreicht und die entsprechenden Koordinaten und die Höhe für den Sprung in den Bordrechner eingegeben, übernimmt das System die Flugsteuerung für Anflug und Absetzen automatisch. Dazu gehört auch die Berechnung der Winddrift und anderer Variablen, um die grüne oder die rote Sprungsignallampe aufleuchten zu lassen.

Der schönste und abschließende Teil des Lehrgangs – die Abschlussfeier – findet dann am Freitag um 11.00 Uhr in Eubanks Field statt. Die Lehrgangsteilnehmer treten sich dann zum so genannten *Airborne Walk* an und erhalten mit stolz geschwellter Brust ihre Springerabzeichen verliehen.

Der Pfadfinder-Lehrgang

Das *1st Battalion (Airborne), 507th Infantry Regiment* ist auch für die Durchführung des dreiwöchigen Pfadfinder-Lehrgangs zuständig. Dieser Kurs vermittelt ausgewählten Soldaten von Spezialverbänden und der Fallschirmjäger Kenntnisse zur Unterstützung von Luftlandeoperationen und von Versorgungsunternehmen aus der Luft. So lernen die Teilnehmer, bei Tag und Nacht geeignete Landeplätze für Flugzeuge und Hubschrauber sowie Lande- bzw. Abwurfzonen für Fallschirmjäger und Versorgungsgüter auszuwählen, einzurichten und zu leiten. Außerdem bringt man ihnen einige grundlegende meteorologische sowie Lotsenkenntnisse bei, etwa um den Luftraum zu überwachen und nahende Flugzeuge wie Hubschrauber einzuweisen. Ein Schwerpunkt liegt bei der Leitung von Luftlandungen vom Boden aus, sei es das Absetzen von Springern oder das Abwerfen von Nachschub- und Versorgungsgütern per Flugzeug oder als Außenlasten von Hubschraubern. Umgekehrt müssen sie natürlich auch das Aufnehmen von Truppen oder Gütern auf Landeplätzen oder -zonen organisieren können. Dazu vermittelt der Lehrgang auch Kenntnisse in Bodennavigation und verschiedene Methoden, um in die jeweiligen Einsatzräume zu gelangen – zu Fuß, durch Fallschirmabsprung, durch Abseilen vom Hubschrauber, mittels Boot usw.

Links: Sprung aus dem Hubschrauber. Sehr schön sind die verschiedenen Öffnungsphasen bei der Fallschirmsprüngen mit Reißleine zu erkennen. Vorn hat die Reißleine gerade den Packsack geöffnet, so dass die mit einer Hülle umgebene, zusammengefaltete Kappe und die Fangleinen herausgezogen werden. Gleich trennen sich Reißleine und Schirm. Dahinter ein Springer, dessen Fallschirmkappe gleich »Luft bekommen« und sich entfalten wird. Ganz hinten eine fast vollständig geöffnete T-10-Kappe.

Links: Ein »Black Hat«-Ausbilder kontrolliert in der Landezone das richtige Verhalten der Springer bei der Landung. Mit den Fangleinen kann der Springer Bewegungsrichtung und Verhalten des Rundkappenschirms etwas beeinflussen.

Ein Schwerpunkt der Ausbildung liegt in der Anwendung der Funkverfahren Boden-/Luft und der genauen Auswahl, Bestimmung und Einrichtung einer Landezone für Flugzeuge, die entweder mit dem *Computer Controlled Drop System (CCDS)* oder dem *Ground Marker Release System (GMRS)* arbeiten. Bei Letzterem legen die Pfadfinder nach einem bestimmten System Signalbojen oder Leuchtzeichen *(VS17 panels)* aus, die den Piloten anzeigen, dass die Absetz- bzw. Abwurfzone erreicht ist und nun mit dem »Löschen« der Ladung begonnen werden

kann. Natürlich lernen die Pfadfinder wie die Kampflotsen (siehe Kapitel 6), auch Luftfahrzeuge per Funk zur Landung »herunterzuholen« und einzuweisen.

Der Pfadfinder-Lehrgang in Fort Benning endet mit einer dreitägigen Feldübung, bei der sich die Teilnehmer in der Führung eines Pfadfinder-Trupps abwechseln. Dieser erhält den Auftrag, eine Landezone für Hubschrauber und eine Absetzzone für Flugzeuge einzurichten und zu leiten sowie Hubschrauber im Absetzen und Aufnehmen von Außenlasten einzuweisen.

3. Kapitel

Die Ranger-Ausbildungsbrigade

US Ranger Training Brigade

Die Ranger-Ausbildungsbrigade ist verantwortlich für Auswahl und Ausbildung der *US Army Rangers* im so genannten Ranger-Lehrgang sowie für die Durchführung des Fernspäh-Lehrgangs *Long Range Surveillance Leaders Course*.

Der Ranger-Lehrgang

Die *US Army Rangers* können auf eine lange Geschichte zurück blicken. Ihre Ursprünge reichen bis in das frühe 17. Jahrhundert als kleine Gruppen amerikanischer Kolonisten sich am Kampf gegen »wilde« Indianerstämme beteiligten oder gar die Stirn besaßen, sich gegen die Aneignung ihres Landes zu wehren. Der Erfolg dieser »Waldläufer« lag darin, dass sie sich die Kenntnisse und Taktiken der Indianer zu Nutze machten. Die Schwerpunkte der modernen Ranger-Ausbildung liegen heute im taktischen Bereich, in der Erlangung von Selbstsicherheit und einem Höchstmaß an soldatischen Fähigkeiten. Die Verleihung des Ranger-Abzeichens ist ein wichtiger Schritt in der Laufbahn eines jeden Heeressoldaten. Die Voraussetzungen dafür sind nicht leicht. Nur rund 30% eines Lehrganges erreichen dieses Ziel ohne Wiederholung der einen oder anderen Ausbildungsphase. Insgesamt bekommen nur 52% der Kursteilnehmer das Ranger-Abzeichen verliehen. Das entspricht 3% des gesamten Heeres. Der Ranger-Lehrgang steht Offizieren, Unteroffizieren und Mannschaften der Kampftruppen offen. Ziel der *Ranger School* ist es, entsprechende infanteristische Spezialfähigkeiten zu vermitteln. Sie offeriert Offizieren, Unteroffizieren und Mannschaften entsprechend ihrer vorgesehenen Verwendung jeweils bis zu sieben verschiedene Lehrgänge. Dazu kommen noch Kurse für Soldaten der Kampfunterstützungstruppen und Angehörige befreundeter Streitkräfte.

Nach erfolgreichem Abschluss des Lehrgangs kehren die frisch gebackenen Ranger in ihre Stammeinheiten zurück, um ihre neu erlernten Fähigkeiten weiter zu vermitteln.

Außenstehende meinen oft, das Ranger-Abzeichen weise darauf hin, dass sein Träger einer Ranger-Einheit sei, etwa des *75th Ranger Regiment*. Dies trifft nicht automatisch zu,

Gedenkstein am Eingang zum Camp Frank D. Merrill. Er ist US-General Merrill und seinen »Merrill's Marauders« gewidmet, die während des II. Weltkrieges in Birma eingesetzt waren.

Camp Merrill liegt mitten im Waldgebiet des *Chattahoochee National Forest* am Fuß der Blauen Berge und ist Garnison des 5. Ranger-Ausbildungsbataillons, der Spezialisten für den Kampf im unwegsamen und bergigen Gelände.

denn auch Angehörige anderer Waffen- und Truppen-gattungen, wie etwa Piloten der Heeresflieger, erhalten das Abzeichen, sofern sie den Lehrgang bestanden haben (siehe z.B. Abb. Seite 51). Umgekehrt haben nicht alle »richtigen« Ranger, also die Soldaten des 75. (Luftlande) Ranger-Regi-ments, den Ranger-Lehrgang besucht. Jene mit Ranger-Lehrgang tragen dann zwei Ärmelabzeichen mit »Ranger«-Aufschrift – eines zeigt die erfolgreiche Teilnahme am Ranger-Lehrgang an, das andere mit geschwungenem Schriftzug und Bataillonsnummer die Zugehörigkeit zum Truppenteil (siehe z.B. Seite 60, untere Abb.).

Alle Kursteilnehmer müssen den Springerlehrgang bestanden haben. Der Ranger-Lehrgang gilt als ziemlich for-dernd. Er besteht aus drei Phasen und findet an unter-schiedlichen Orten bei verschiedenen Ranger-Verbänden statt: dem *4th Ranger Training Battalion* in Camp Rogers

(Fort Benning in Georgia); dem *5th Ranger Training Battalion* in Camp Merrill nahe Dahlonega, ebenfalls in Georgia; und dem *6th Ranger Training Battalion* in Camp James E. Rudder, Florida. Der Lehrgang dauert insgesamt 61 Tage, wovon ungefähr 40 Tage unter feldmäßigen Bedingungen ablaufen.

Ranger-Lehrgang, Teil 1: Camp Rogers

Im ersten Teil des Lehrgangs werden jene Kandidaten her-ausgefiltert, die körperlich und/oder geistig nicht zum Ranger taugen. In der ersten Woche, die als *Ranger Assessment Phase (RAP)* (etwa: Ranger-Beurteilungs-abschnitt) bezeichnet wird, liegt der Schwerpunkt auf der Überprüfung der körperlichen Leistungsfähigkeit. So müs-sen sich die Teilnehmer dem *Army Physical Readiness Test* und dem so genannten *Combat Water Survival Test* unter-

Ein Lehrgangsteilnehmer bei der Einsatzplanung während der Phase »Kampf in unwegsamem Gelände«. Zugriffsbereit neben ihm ein leichtes Maschinengewehr M-249.

ziehen. Hinzu kommen ein Wassertauglichkeitstest, ein 5-Meilen-Lauf, ein Hindernisparcours, der paarweise absolviert wird, eine Unterweisung im Nahkampf und Bajonettfechten, und ein Fallschirmsprung zum Auffrischen. Neben den üblichen Grundlagen des Soldatenhandwerks üben die Kursteilnehmer Späh- und Patrouillentätigkeit unter gefechtsmäßigen Bedingungen, das Orientieren mit Karte und Kompass, das Anlegen von Hinterhalten und weitere grundlegende Einsatztaktiken. Die RAP-Woche endet mit einem 27-km-Marsch nach Camp Darby, wo die Kursteilnehmer anschließend den berüchtigten Darby-Queen-Hindernisparcours durchlaufen. Hierbei spielen die Anwendung der erlernten Kenntnisse, wie Hinterhalte legen und die Durchführung von Späh- und Stoßtrupps unter gefechtsmäßigen Bedingungen in Gruppenstärke, eine entscheidende Rolle.

Diese Phase dient der Vertiefung verschiedener wichtiger infanteristischer Grundtechniken und -taktiken, schult die Führungseigenschaften, stärkt die Ausdauer und zeigt das Verhalten und die Zusammenarbeit in der Gruppe. Letztlich scheidet sich hier bereits die Spreu vom Weizen, denn genau hier scheiden die meisten von denen, die den Gesamtlehrgang nicht bestehen, bereits aufgrund fehlender Eignung, mangelndem Durchhaltewillens oder aufgrund von Verletzungen aus. Jene, die es geschafft haben, werden nun zum *5th Ranger Training Battalion* nach Dahlonega in Marsch gesetzt, wo sie die zweite Phase »Kampf in unwegsamem Gelände« erwartet.

Ranger-Lehrgang, Teil 2: Kampf in unwegsamem Gelände

Camp Merrill liegt rund 80 km nördlich von Atlanta im Bundesstaat Georgia auf der südlichen Seite der Appa-

Oben: Ein Lehrgangsteilnehmer überprüft während einer Verschnauf-pause die umfangreiche Ausrüstung für einen nächtlichen Hinterhalt.

Unten: Ohne Nachtsichtgeräte und -optiken wären viele Aufgaben nur sehr schwer durchführbar. Die Geräte müssen daher sorgfältig behandelt werden.

lachen, den sprichwörtlichen »Blauen Bergen« (Blue Ridge Mountains), nahe der Stadt Dahlonega. In diesem landschaftlich ebenso reizvollen wie bergigen Waldgebiet des *Chattahoochee National Forest* erfahren die Kursteilnehmer die Grundlagen für den Kampf in unwegsamem Gelände, hier »Mountain Phase« oder Ausbildungsabschnitt »Gebirgs- und Winterkampf« genannt. Zwar lernen sie wichtige Knoten für die Seilarbeit, das Abseilen und verschiedene Klettertechniken sowie das Anlegen von Gebirgsstegen, eine richtige Gebirgsausbildung ist dies jedoch noch nicht. Eine zweitägige Feldübung schließt sich an. Weitere Ausbildungsschwerpunkte sind Anlegen von Hinterhalten, überfallartiges Nehmen von Objekten in Zustärke, Jagd- und Waldkampf sowie Späh- und Stoßtrupptätigkeit.

Diese praktischen Übungen finden im oben beschriebenen unwegsamen, bergigem Gelände statt, so dass sich das Leben im Felde, die Orientierung und die taktischen Manöver schwieriger gestalten als etwa im Flachland. Die Kursteilnehmer, die ihre Rangabzeichen abgelegt haben, übernehmen im Wechsel Planung und Führung eines Spähtrupps bzw. einer Patrouille. Dabei werden verschiedene Lagen eingespielt, in der sie sich beweisen müssen. So müssen sie Hinterhalte anlegen oder eine versprengte Patrouille wieder zusammenführen, durch »feindliche« Linien sickern oder sich zum eigenen Truppenteil durchschlagen. Dabei werden sie ständig von ihren Ausbildern überwacht, die jede Bewegung der Patrouille aufmerksam verfolgen. Sicherheit wird natürlich groß geschrieben und für alle Fälle steht in Camp Merrill ein UH-60A Black-Hawk-Sanitätshubschrauber ständig in Rufbereitschaft.

Teil zwei des Lehrgangs endet mit einer vier- bis fünftägigen Feldübung, zu der auch eine Luftlandung gehört. Jeden Tag erhalten die einzelnen Patrouillen einen anderen Auftrag, dessen Durchführung in aller Regel eine schwierige Annäherungsphase beinhaltet; sei es ein langer Anmarsch oder das Überwinden unwegsamer Geländeabschnitte. Umgekehrt kann auch zuerst eine Luftlandung mit anschließendem Angriff auf ein Ziel angesetzt werden, der eine anstrengende Marschphase folgt.

Im Grunde endet jedes dieser Manöver mit einem Nachtmarsch zu einem vorbestimmten Hubschrauber-Aufnahmepunkt. Jede Teilphase erfordert ein genaues Orientieren im Gelände und setzt eine gute zeitliche Abstimmung bzw. Planung voraus, um die Aufgabe erfolgreich zu bewältigen. Ein Ausbilder bestimmt dabei nach dem Zufallsprinzip wahllos einen Kursteilnehmer, der die Führung der Gruppe für 24 Stunden übernimmt – Egal ob dieser nun ausgelaugt, hungrig und seit Tagen ohne Schlaf ist. Erweist er sich momentan nicht in der Lage, seine Männer zu moti-

vieren und zu führen, erhält er später oft noch eine zweite Chance. Dies gilt nicht für Männer, die das Handtuch schmeißen und einfach aufgeben. Sie werden abgelöst und zu ihrer Einheiten zurückversetzt.

Alle anderen, die diese Phase erfolgreich beenden, werden nun zum Luftwaffenstützpunkt Dobbins, nördlich von Atlanta, gefahren, um Fallschirme zu empfangen und eine Transportmaschine zu besteigen. Der folgende Sprungeinsatz leitet den nächsten und letzten Teil des Ranger-Lehrgangs ein.

Ranger-Lehrgang, Teil 3: Dschungelkampf/Amphibische Kriegsführung

Die letzte Phase spielt sich in Camp E. Rudder auf dem riesigen Gelände des Luftwaffenstützpunkts Eglin in Florida ab. An Sümpfen und subtropischen Wäldern besteht hier kein Mangel, was besondere Anforderung an die Orientierungsfähigkeit der Kursteilnehmer stellt. Zudem lernen sie, das Schlauchboot als Transport- und Einsatzmittel zu nutzen, etwa zur Durchführung von Überfällen und bei der Anlage von Hinterhalten.

Hier stellt das *6th Ranger Training Battalion* das Stammpersonal und die Ausbilder, die mit dem besonderen Terrain, seiner Fauna und Flora bestens vertraut sind. Sie zeigen den Lehrgangsteilnehmer die verschiedenen gefährlichen und harmlosen Reptilien, Insekten und Pflanzen; wie man Sumpf- und Brackwasser zum Trinken aufbereitet, welche Tricks beim Überleben besonders hilfreich sind und welche Transportarten und Patrouillentaktiken sich am besten für derartiges Gelände eignen.

Auch diese Phase endet mit einer zehntägigen Feldübung, einschließlich Luftlandungen und Nehmen von Zielen aus der Luft, Handstreichen und Hinterhalten.

Danach werden die erfolgreichen Kursteilnehmer zurück nach Fort Benning geflogen, wo sie mit dem Fallschirm abspringen, um danach das begehrte Ranger-Abzeichen verliehen zu bekommen. Jeder, der diese Zeilen gelesen hat, kann sich unschwer vorstellen, dass dieses Abzeichen nicht leicht zu verdienen ist. Die Voraussetzungen zu seiner Verleihung werden hoch gehalten. Es dokumentiert, dass ein Ranger die Fähigkeit bewiesen hat, geistige und körperliche Herausforderungen zu meistern, unter einsatzmäßigen Bedingungen eine ganze Reihe von Handfeuerwaffen beherrscht, in Spähtrupps, Hinterhalten und Handstreichen bewandert ist sowie Aufträge unter widrigen Bedingungen erfolgreich planen durchführen kann. Das Erlernte nimmt er nun mit zu seiner Stammeinheit, um es an andere weiterzugeben und seinen Teil dazu beizutragen, die Kampfkraft des Heeres zu steigern.

Dieser Ranger führt das als *Squad Automatic Weapon (SAW)* – Gruppen-Maschinengewehr – bezeichnete M-249, das für die Patrone 5,56 mm x 45 eingerichtet ist. Die Waffe ist für die Übung mit Manöverpatronen geladen, worauf auch das auf die Mündung aufgesetzte rote Manöverpatronengerät hindeutet. Der Mann hatte während der letzten Tage wenig Schlaf.

Sprung mit anschließender Landung auf einer Lichtung im hügeligen Terrain des *Chattahoochee National Forest*.

Der Fernspäh-Lehrgang

Der 33-tägige *Long Range Surveillance Leaders Course* wird von der *D Company* des *4th Ranger Training Battalion* in Camp Rogers, Fort Benning, betreut und durchgeführt. Die heutigen *Long Range Surveillance Units*, wie die Fernspähtrupps bei den Rangern heißen, sind aus den *Long Range Surveillance Patrols (LRSP)* des Vietnamkrieges hervorgegangen. Die heutigen LRSU's haben den Hauptauftrag, in der Tiefe des Raumes aufzuklären und das Heer auf Korpsoder Regimentsebene mit taktischen und strategischen Aufklärungsergebnissen zu versorgen. Sie haben in der Regel keinen Kampfauftrag, was eher Sache der regulären Ranger oder der *A-Teams* der *Special Forces* wäre. Gewöhnlich in 6-Mann-Trupps gegliedert, operieren die LRSU's bis zu 200 km

und bis zu 30 Tagen hinter den feindlichen Linien. Sie können entweder von einem Flugzeug im HAHO/HALO-Verfahren, mittels Helikopter, mit kleinen Booten, Kraftfahrzeugen oder zu Fuß abgesetzt werden. Im Einsatzraum beziehen sie ein gut getarntes Versteck, aus dem sie Truppenversammlungen bzw. -bewegungen oder wichtige Objekte und Personen des Feindes beobachten bzw. ausmachen und mittels besonderer – und natürlich verschlüsselter – Funkverfahren melden. Des weiteren können Sie als Vorgeschobene Beobachter der Artillerie oder als Fliegerleitoffiziere *(Forward Air Controller, FAC)* für Kampfflugzeuge oder Kampfhubschrauber eingesetzt werden, indem sie etwa Ziele mit Laser oder anderen Verfahren kennzeichnen. Nach dem Luftangriff oder Feuerüberfall melden sie Verluste und Schäden beim Gegner.

Es liegt in der Natur der Sache, dass der Fernspäh-Lehrgang ziemlich anspruchsvoll und anstrengend ist. So werden die Teilnehmer sieben Tage in der Woche täglich 16 Stunden auf Trab gehalten. Schwerpunkte der Ausbildung liegen in der Einsatzplanung, dem Umgang mit Funkgeräten und Funkschlüsseln im HF-/VHF-/UHF-Bereich, der Orientierung bei Tag und Nacht, der Auswahl und dem Bau von Verstecken, dem Erkennen von Fahrzeugen und Gerät des Gegners, dem Anfertigen von Skizzen, Film- und Fotoaufnahmen, dem Verhalten bei Feindberührung und Ausweichtaktiken, dem Ein- und Aussickern sowie der Verbringung in oder aus dem Einsatzgebiet, vor allem mit Luftfahrzeugen.

Die vermittelten Techniken und Taktiken sind nicht nur für die Fernspähaufklärung tauglich, sondern können ebenfalls von den Spähzügen genutzt werden, die jedem Bataillon des 75. (Luftlande) Ranger-Regiment zugeteilt sind.

Werfen wir zum Abschluss noch einen Blick auf die dem 11. Infanterie-Regiment unterstellte Hubschrauberstaffel *(Flight Support Branch Detachment)*, bekannt als »The Ravens« und wahrscheinlich benannt nach den redlichen Raben, die einst den Propheten Elia am Bach Krith zweimal täglich mit Atzung versorgten und sich entgegen aller Gewohnheit der Rabenvögel auch des Stiebitzens von Brot und Fleisch enthielten. Die »Raben« leisten einen wichtigen Beitrag zur Ausbildung der Fernspäher und Pfadfinder und unterstützen auch alle anderen Ausbildungseinheiten und -einrichtungen in Fort Benning, wie etwa die ebenfalls dort ansässige Heeres-Infanterie-Schule. Auf dem Fliegerhorst Lawson betreibt die fliegende Einheit sechs UH-60A Black-Hawk-Hubschrauber mit 13 Piloten und 26 Lademeistern plus einer entsprechenden Anzahl von Mechanikern (elf voll ausgerüstete Ranger, von denen jeder mit Ausrüstung rund 120 kg wiegt, passen in einen Black Hawk). Die *Ravens* flie-

Links: Ein Teilnehmer des Fernspäh-Lehrgangs beim schnellen Abgleiten vom Tau. Diese Technik kann auch beim Nehmen von Objekten eine Rolle spielen.

Oben: Aufnahme eines Fernspähtrupps mittels *Special Purpose Insertion/Extraction*-Sytems (SPIES), also als Hubschrauber-Außenlast.

gen über 30 Stunden pro Monat und verlegen regelmäßig nach Camp Merrill und Camp James E. Rudder zur Unterstützung der Ranger-, Pfadfinder- und Fernspäh-Ausbildung, insbesondere durch Außenlast-Transporte, die Verbringung von Soldaten, Nachschub und Gerät in die Übungsräume und die Gestellung von Maschinen fürs Fallschirmspringen. Es liegt in der Natur der Sache, dass die Hubschrauber und ihre Besatzungen auch für das Üben aller möglicher Abseil-,

Anlande- und Aufnahmetechniken herhalten müssen.

Alle Piloten haben eine Spezialausbildung durchlaufen, die sie zur Unterstützung von Sondereinsatzkräften bei Tag und Nacht und unter den verschiedensten Witterungsbedingungen befähigt. Bei eingeschränkten Sichtverhältnissen fliegen die Piloten etwa mit Nachtsichtgeräten und Nachtsichtbrillen, was wiederum eine besondere Nachtflugtauglichkeitsprüfung voraussetzt.

Oben: An diesem Gerüst, das in dieser Phase noch den Hubschrauber ersetzt, lernen die Kandidaten das Abgleiten am Tau.

Ein Ausbilder von der D-Kompanie des *4th Ranger Training Battalion* überwacht, ob die Schüler alles richtig machen (vgl. Abb. Seite 47). Es sieht alles so einfach aus, doch wenn sich erst mehrere Mann schnell hintereinander abseilen, und dies auch noch bei Nacht, können Probleme auftreten.

Ein UH-60 Black Hawk landet auf einer kleinen Waldlichtung (oben), um eine Ranger-Patrouille aufzunehmen (unten).

Oben: Die Verbringung mit Hubschraubern ist wichtiger Teil der Ranger-Ausbildung.

Blick in die Kanzel eines UH-60 Black-Hawk, der sich gerade im Anflug auf einen Absetzpunkt in den Wäldern um Dahlonega befindet.

Ein Black-Hawk-Pilot der »Raben«-Staffel aus Fort Benning. Über dem Wappen der Infanterie-Schule (Schulpersonal) prangt das Abzeichen für den bestandenen Ranger-Lehrgang.

4. Kapitel

Das 75. (Luftlande) Ranger-Regiment

75th Ranger Regiment (Airborne)

Auch das *75th Ranger Regiment* gehört als Luftlande-tauglicher Jägerverband zu den schnellen Eingreiftruppen der USA und damit zum *United States Army Special Operations Command*. Das Regiment kommt sozusagen als erste Infanterie zum Einsatz. Daher hält es die Heeresführung in hoher Einsatzbereitschaft, so dass seine Bataillone innerhalb von elf Stunden weltweit eingesetzt werden können.

Während der Operation »Urgent Fury« in Grenada im Oktober 1983 bildete das 75. Ranger-Regiment die Angriffsspitze, als sein 1. und 2. Bataillon den Flughafen Point Salines im Luftlandeangriff nahmen und dabei ihren Teil zur Befreiung der auf dem Gelände der medizinischen Fakultät der True-Blue-Universität gefangen gehaltenen amerikanischen Studenten beitrugen. Nach diesem Feldzug erhielt das Regiment ein 3. Bataillon und im Oktober 1984 mit der Über-

Eine C-17 Globemaster setzt Soldaten des 75. Ranger-Regiments ab.

gabe der Truppenfahne schließlich den offiziellen Regimentsstatus. Im Dezember 1989 waren alle drei Bataillone bei der Operation »Just Cause« in Panama eingesetzt. Sie besetzten den Großflughafen Omar Torrijos und sicherten ihn für die Landung der 82. Luftlande-Division. Des weiteren besetzten die Ranger den Flughafen Rio Hato und führten Luftlandungen bei Folgeoperationen durch. 1991 waren Teile des Regiments gemeinsam mit anderen US-Sonderverbänden an der Operation »Desert Storm« beteiligt. Unter anderem beteiligten sich Ranger an Kommandounternehmen gegen irakische Kommunikationseinrichtungen und an Fernpatrouillen, die hinter den feindlichen Linien Abschussbasen für *Scud*-Raketen aufspüren sollten. 1993 wurde das *3rd Battalion* als Teil einer so genannten *Task Force Ranger* gemeinsam mit Einheiten der *Delta Force* und dem *160th Special Operations Aviation Regiment (Airborne)* ins somalische Mogadischu zur Unterstützung der Operation »UNOSOM II« entsandt. Dabei gelang es den Rangern, einige der Anführer, die für Angriffe gegen Einheiten der Vereinten Nationen verantwortlich waren, gefangen zu nehmen. In einem Fiasko endete allerdings ein 18-stündiges Entsatz-Unternehmen zur Rettung der Besatzungen zweier abgeschossener *Black-Hawk*-Hubschrauber der *24th Special Tactics Squadron* des 160. Sondereinsatzgeschwaders und einer abgeschnittenen Suchpatrouille durch, die in einen Hinterhalt geraten war. Dabei fielen 18 amerikanische Soldaten, sechs davon Ranger.*

Was die Ranger 2001 in Afghanistan so alles trieben, darüber berichtet der letzte Abschnitt dieses Buches ab Seite 140. Ihre Einsätze im zweiten Irakkrieg ab 2003 zu schildern, mag indes späteren Werken vorbehalten bleiben.

Einzelheiten dazu bei Hartmut Schauer:
US Air Commandos. Die »Special Forces« aus der Luft, Stuttgart 2002; sowie bei Mark Bowden: Black Hawk Down, London 1999.

Gliederung und Auftrag

Das *75th Ranger Regiment* besteht aus drei Ranger-Bataillonen. Das *1st Battalion* garnisoniert auf dem Heeresflieger-Stützpunkt *Hunter Army Air Field* in Georgia, das *2nd Battalion* liegt in Fort Lewis in Washington, und das *3rd Battalion* ist wie der Regimentsstab in Fort Benning in Georgia stationiert.

Die vornehmliche Aufgabe des Regiments besteht in der »Planung und Durchführung spezieller Missionen zur Unterstützung der US Politik und deren Interessenlagen.« Darunter kann man viel verstehen; für die Ranger bedeutet dies vor allem hohe Mobilität und Einsatzbereitschaft, die über Land-, Wasser- und Luftfahrzeuge erreicht werden. Wie viele militärische Sondereinsatzkräfte weltweit werden die

Brustabzeichen an der Feldbluse eines Rangers. Von oben: Die *Combat Infantryman's badge*, also die »Infanterie Gefechtsspange«, weist darauf hin, dass ihr Träger schon einmal »scharfes Pulver gerochen«, d.h. Gefechtsberührung hatte. Sie ist nicht mit dem deutschen Sturmabzeichen oder gar der Nahkampfspange des 2. Weltkriegs vergleichbar, denen weitaus schärfere Verleihungsbestimmungen zugrunde lagen. Das Springerabzeichen mit Stern zeigt die Zugehörigkeit zu einer springenden Einheit. Der Aufnäher unten links weist auf die Qualifikation im militärischen Freifallspringen hin. Rechts daneben befindet sich das nach dem gleichnamigen Lehrgang an der Luftlandeschule verliehene Pfadfinder-Abzeichen.

Ranger dazu ausgebildet, im Verband oder in kleinen Einheiten ein ganzes Spektrum von Aufgaben zu erfüllen. Dazu gehören etwa die Rettung von Personen (siehe Grenada oder Mogadischu) und Sicherung wertvoller Ausrüstung vor feindlichem Zugriff, Fernpatrouillen und Kommandounternehmen, aber auch die handstreichartige Besetzung und Sicherung von Objekten, wie Landezonen, Flugplätze oder wichtige Gebäude und Anlagen. Ihre Ausrüstung und Verpflegung ist derart bemessen, dass sie ihre Aufträge bis zu 30 Tagen vor der Ankunft nachfolgender Verbände durchführen können.

Massenabsprung von Soldaten des *75th Ranger Regiment* im Juli 2001 über Fort Benning.

Zum Fuhrpark des 75. Ranger-Regiments gehört auch eine Anzahl Land Rover, die zu so genannten als *Ranger Special Operations Vehicles (RSOV's*, also Ranger-Fahrzeuge für Sonderunternehmen) umgerüstet wurden. Sie kommen als Führungs-, Verbindungs-, Patrouillen- oder Sanitätsfahrzeuge zum Einsatz und können unter anderem mit schweren Maschinengewehren Kaliber .50 BMG bestückt werden.

Ein Ranger verlässt die Landezone. Beim Gerät, das er auf den Armen trägt, soll es sich um eine *Stinger*-Fliegerfaust handeln.

Räumen der Landezone. Vorne ein Zugführer mit seinem Funker, rechts ein sichernder Ranger. Man beachte die Fußgelenkstützen und Knieschützer, die Verletzungen bei der Landung vermeiden helfen.

Das Ärmelabzeichen des 1. Bataillons des 75. (Luftlande) Ranger-Regiments in Form eines Schriftbandes *(Scroll)*. Da es hier auch am rechten Oberarm getragen wird (links ist die übliche Stelle) zeigt es die Zugehörigkeit seines Trägers zu einem Ranger-Truppenteil an, der schon an einem Kampfeinsatz teilgenommen hat.

Die Sollstärke eines Ranger-Bataillons beträgt 580 Mann, die sich in drei *Rifle Companies* (Schützen- oder Jägerkompanien) und eine *Headtquarters Company* (Stabskompanie) gliedern. Jede *Rifle Company* besteht aus 152 Rangern. Als leichte Infanterie verfügen die Ranger über kein schweres Gerät; sie sind vor allem mit ungepanzerten oder leicht gepanzerten Radfahrzeugen motorisiert. Dazu gehören modifizierte Land Rover, bekannt als *Special Operations Vehicles (RSOV's),* die entweder als Führungs-, Sanitäts- oder als Patrouillenfahrzeuge, mit Maschinengewehren des Kalibers .50 BMG (12,7 mm x 99) bestückt, eingesetzt werden.

Bei den Rangern handelt sich durchweg um Freiwillige, die körperlich und geistig gefestigt sein müssen. Für Offiziere und Unteroffiziere sind eine Sprungausbildung und der Ranger-Lehrgang obligatorisch. Dies gilt auch für »Würdenträger« anderer Waffen- und Truppengattungen, die sich freiwillig zu den Rangern melden. Mannschaftsdienstgrade können bzw. müssen, nachdem sie übernommen worden sind,

die bereits in den vorangegangenen Kapiteln beschriebenen Lehrgänge besuchen. »Frischlinge« im Regiment durchlaufen aber zunächst eine Probantenphase und eine Ranger-Grundausbildung, in der sie physisch und psychisch aufgebaut und beurteilt werden. Zeigen sie Schwächen, werden sie in ihre alten Einheiten zurückversetzt. Ranger-Taugliche werden nun in einer Aufbauphase auf die anstehenden Lehrgänge vorbereitet, die sie zu »Voll-Rangern« machen.

Jedes *Ranger Battalion* verfügt über einen Aufklärungs- und Pfadfinderzug. Dieser hat die vorrangige Aufgabe, Landezonen vorzubereiten und zu sichern sowie Aufklärung zu betreiben, etwa vor größeren (Luftlande-)Operationen.

In der Regel arbeitet das Regiment eng mit den Staffeln des 160. Sondereinsatz-Geschwaders *(160th Special Operations Aviation Regiment (Airborne))* sowie den *Air Commandos* der Luftwaffe *(US Air Force Special Operations Command)* zusammen. Ohne die Luftnahunterstützung der MH-53 M Pave Low IV-, der MH-6 Little Bird- und der MH-60 L Direct Action Penetrator Black Hawk-Hubschrauber sowie

Übung »Nehmen und Sichern« einer Landezone. Man beachte den Land Rover RSOV mit schwerem MG in Drehringlafette. Der lila Rauch zeigt den Luftunterstützungskräften, dass es sich um eigene Einheiten handelt.

Ranger beim so genannten *Fast Roping*, also dem schnellen Abgleiten am
Tau, aus einem Chinook MH-47 D des 160. Sondereinsatz-Geschwaders.
Vergleiche das Üben dieser Abseiltechnik auf den Seiten 47 und 48.

Ein Ranger mit Karabiner M-4 A1. Die Waffe ist mit einer Laserzielhilfe
und einer Tageslichtoptik bestückt.

Ranger mit schwerer 84-mm-Panzerfaust RAAWS *(Ranger Anti Armor Weapons System)* bei einer Orts- und Häuserkampfübung **(oben)** und in freiem Gelände **(unten)**. Man beachte die hochgeklappten Nachtsichtbrillen.

Oben: Trittbrettflieger. Die wendigen MH-6 Little Bird des 160. Sondereinsatz-Geschwaders lassen sich für eine ganze Reihe von Aufgaben einsetzen, wie hier mit montiertem Außenlastsystem *»The Plank«* als »Taxi« für einen Spähtrupp. Vier Ranger finden dabei außen auf den »Sitzplanken« und zwei im Innenraum Platz.

der viermotorigen Hercules MC-130 Combat Talon II, Combat Shadow und AC-130 Spectre Gunship wären die Ranger wohl auch aufgeschmissen. Daher nimmt die Zusammenarbeit mit den fliegenden Einheiten sowie der Schiffs- und Feldartillerie einen hohen Stellenwert ein, zumal das 75. Regiment selbst über keine schweren Waffen verfügt.

Da Luftlandungen mit Flugzeug oder Hubschrauber oft bei Nacht durchgeführt werden, um das Überraschungsmoment zu vergrößern und Verluste durch Feindfeuer gering zu halten, sind die Ranger-Bataillone großzügig mit Nachtsichtgeräten ausgestattet. Jeder Mann verfügt etwa über eine Nachtsichtbrille *(Night Vision Goggle, NVG)* und eine Nachtsichtoptik bzw. Laserzielhilfe für seinen Colt-Karabiner M-4 A1. Als Infanterie-Unterstützungswaffen dienen das leichte Maschinengewehr M-249 *(Squad Automatic Weapon, SAW)*, das mittlere Maschinengewehr M-240 G (7,62 mm x 51, das belgische FN MAG) und das schwere Maschinengewehr M-2 HB (12,7 mm x 99); außerdem die 84-mm-Panzerfaust RAAWS *(Ranger Anti Armor Weapons System*, die schwedische *Carl Gustaf M-3)*, die Fliegerfaust *Stinger* sowie der 60-mm-Granatwerfer M-224. Auch Scharfschützengewehre verschiedener Kaliber gehören zur Ausstattung.

Den Verbindungsmitteln kommt gerade bei einer Truppe wie den Rangern eine außerordentlich hohe Bedeutung zu. Dieser Mann bedient gerade ein Sprechfunkgerät.

Diese gelungene Aufnahme zeigt eine Ranger-Patrouille in den Sümpfen Floridas, bis zu den Hüften im Wasser und die Waffen schussbereit im Anschlag. Der Unteroffizier vorn trägt das Wappen der Infanterie-Schule Fort Benning unter den Ranger-Abzeichen auf seinem linken Oberarm (vgl. Seite 51).

Kapitel 5

Das 160. Heeresfliegerregiment für Sondereinsätze

160th Special Operations Aviation Regiment (Airborne)

Das *160th Special Operations Aviation Regiment (Airborne) – SOAR –* ist zuständig für die Luftunterstützung von Sondereinsatzverbänden des Heeres. Es verfügt über folgende Hubschraubertypen, die für dieses Einsatzspektrum modifiziert wurden: MH-6 Little Bird, MH-60 L/K Black Hawk und MH-47 D/E Chinook. Nach dem Fehlschlag der Operation »Eagle Claw«, der versuchten Geiselbefreiung im Iran 1980, stellte das Heer einen eigenen fliegenden Verband auf, der fast ausschließlich für die Luftunterstützung bei Sondereinsätzen vorgesehen sein sollte. In der Hauptsache sollte er für nächtliche Tiefflug-Operationen zur Verfügung stehen. Der Verband erhielt modifizierte Hubschrauber, die von den erfahrensten Piloten der 101. Luftlande-Division geflogen wurden. Am 16. Oktober 1981 wurde der Verband mit der Bezeichnung *160th Aviation Battalion* (160. Fliegende Abteilung) in Dienst gestellt.

Auf Grund der dauernden Heranziehung zu Sonderunternehmen wurde er allgemein als *Task Force 160* (Einsatzgruppe 160) bekannt. Und da die 160er fast ausschließlich nachts eingesetzt wurden, taufte man sie später »*The Night Stalkers*«, was so viel wie die »Nacht-Pirscher« bedeutet. Am 16. Mai 1990 wurden die Abteilung als *160th Special Operation Aviation Regiment (Airborne)* zum Regiment erweitert. Derzeit besteht dieses aus vier Fliegenden Abteilungen (Luftwaffenbez.: Gruppen), die in Fort Campbell (Kentucky) und auf dem Heeresfliegerhorst *Hunter Army Airfield* in Georgia stationiert sind. Die Standorte der einzelnen Abteilungen und ihre Ausrüstung mit Hubschraubern:

I. Abteilung: Fort Campbell. A-Staffel: MH-6 Little Bird; B-Staffel: AH-6 Little Bird; C-Staffel: MH-60L/K/DAP Black Hawk; D-Staffel: MH-60 Black Hawk; E-Staffel = Boden- und Werkzeugstaffel.

II. Abteilung: Fort Campbell. A-Staffel: MH-47E Chinook; B-Staffel: MH 47E Chinook; D-Staffel = Boden- und Werkzeugstaffel.

III. Abteilung: Hunter Army Airfield. A-Staffel: MH 60 L/K/DAP Black Hawk; B-Staffel: MH-47 D Chinook; D-Staffel: MH-60L/K/DAP Black Hawk; C-Staffel = Boden- und Werkzeugstaffel.

IV. Abteilung: Fort Campbell. : Geschwaderstab, A-, B-, C- und

Hubschrauber MH-6 Little Bird und MH-60 L Black Hawk in Bereitschaft auf dem Flugplatz von Fort Campbell. Im Hintergrund sieht man fünf Black Hawk mit »gefalteten« Rotorblättern. So lassen sie sich in die Großraumtransporter der Luftwaffe verladen, die sie in ihre weltweiten Einsatzgebiete bringen (vgl. Abb. auf Seite 67 oben).

Ein Boeing MH-47 E Chinook hebt in der ersten Abenddämmerung zu einer Nachtübung ab.

Oben: Der Boeing MH-47 Chinook in der Ausführung E wird ausschließlich beim 160. Heeresfliegerregiment geflogen. Er ist für Langstrecken-Tiefflugeinsätze, auch unter schlechtesten Witterungsverhältnissen, ausgelegt. Der lange »Rüssel« dient zur Luft-Luft-Betankung.

Oben und unten: Das 160th SOAR unterhält eine Flotte von AH/MH-6 Little Bird-Hubschraubern, die mit unterschiedlichen Waffensystemen bestückt werden. Unten sieht man, wie Waffenwarte die Abschussbehälter für Luft-Boden-Raketen bestücken. Rechts Munition für das Bord-MG 7,62 mm.

Ein Boeing AH-6 Little Bird beim Abfeuern von Luft-Boden-Raketen.

Nachschubstaffel, Versuchs- und Erprobungsstelle sowie Ausbildungsstaffel für Sondereinsätze. Die Versuchs- und Erprobungsstelle *(Systems Integration and Management Office)* ist zuständig für die Erprobung von neuem Gerät und Ausrüstung für das Geschwader. Jedes neue Ausrüstungsstück wird auf seine Einsatztauglichkeit, seine Zuverlässigkeit und Wartungsfreundlichkeit, sowie auf seine Verwendbarkeit innerhalb der Hubschrauberflotte überprüft.

Das *160th SOAR* rekrutiert sich hauptsächlich aus Freiwilligen. Egal ob Boden- oder Fliegendes Personal, Offiziers- oder Mannschaftsdienstgrade, alle müssen an der so genannten *Basic Mission Qualification (BMQ)* teilnehmen, einer Art Grundeignungs-Überprüfung.

Dabei wird zwischen Offizieren, Unteroffizieren und Mannschaften unterschieden. Erstere werden auf den 14-wöchigen *Officers Qualification Course* geschickt, während Letztere nur drei Wochen in die Mangel genommen werden. Die Hubschrauberbesatzungen durchlaufen sämtlich eine 23-tägige infanteristische Feldausbildung, hier »Green Platoon« (Grüner Zug) genannt; bestehend aus einem theoretischen und einem praktischen Teil. Dabei werden sie im Umgang mit verschiedenen Handfeuerwaffen, in Gefechts-

taktiken für Angriff und Verteidigung und in Nahkampf-techniken geschult. Außerdem stehen Orientierungs-märsche auf dem Dienstplan. Damit sie ihre Hubschrauber und die Fliegerei nicht ganz vergessen, geht es in die Schwimmhalle, wo der Unterwasserausstieg aus einer Hub-schrauberattrappe geübt wird. Außerdem werden grundlegende Sicherheitsmaßnahmen an Bord und beim Fliegen sowie allerhand Vorschriften durchgenommen. Alle Besatzungen bringen ja schon einiges an praktischer Flugerfahrung mit, und doch vergehen noch sechs bis zehn Jahre, bis sie *Flight leader* – Staffelführer – werden können. Die Ausbildung gliedert sich in drei Teile:

Teil 1: Grundausbildung *(Basic Mission Qualification)*. Dauer rund zwei Jahre. Hier werden die Besatzungen an ihrem Hubschrauber und seiner Bewaffnung geschult.

Teil 2: Vollausbildung *(Full Mission Qualification)*. Dauert weitere vier Jahre. Hier üben die Besatzungen Taktiken und Einsatzverfahren unter den unterschiedlichsten Bedingungen. Beispielhaft sind hier das Fliegen und Landen mit Außenlasten, das Starten und Landen von und auf Plattformen, im Dschungel, in der Wüste, im Gebirge, in Gewässern und in bebautem Gebiet.

Der UH-60 Black Hawk und seine Varianten lassen sich in Großraumtransportern wie dieser Lockheed C-5 Galaxy unterbringen.

Ein Boeing MH-47 E Chinook nach dem Absetzen einer Ranger-Patrouille.

Ein MH-6 K Black Hawk während einer so genannten *Combat Search and Rescue (CSAR)*-Kampfrettungs-Übung in einer wüsten Gegend.

Teil 3 dauert nochmal zwei bis drei Jahre und schließt mit der *Flight Leader Qualification* ab.

Dabei nehmen die Auszubildenden immer wieder an gemeinsamen Übungen mit den »Alten Hasen« der Einsatzstaffeln teil. Ein Großteil der Ausbildung und der Übungen spielt sich bei Nacht und unter Zuhilfenahme von Nachtsichtgeräten ab. Es gehört zum Verständnis des 160th SOAR, so praxisnah als möglich zu trainieren, das heißt die Lehren vorangegangener Einsätze mit einzubeziehen um für künftige besser vorbereitet zu sein. *»Train as you fight«* – übe so, als ob Du kämpfst – lautet der Leitsatz.

Nicht zuletzt war das 160. Heeresfliegerregiment für Sondereinsätze an den Großoperationen in Grenada, in Panama, am Golf und in Somalia beteiligt. Seine Hubschrauber sind speziell für verdeckte nächtliche Langstreckenflüge entwickelt bzw. modifiziert worden und erhielten modernste Orientierungs- und Navigationssysteme. Das Neueste an Nachtsichttechnik ermöglicht den Besatzungen, unter fast allen Witterungsbedingungen und landschaftlichen Gegebenheiten zu operieren. Werfen wir nun einen Blick auf die Hubschrauberflotte.

Sikorsky MH-60 L/K

Bei den Hubschraubern der Typen Sikorsky MH-60 L und MH-60 K handelt es sich um kampfwertgesteigerte Ausführungen des bekannten UH-60 Black Hawk, dem mittleren Transporthubschrauber der US-Streitkräfte. Der MH-60 L verfügt unter anderem über verbesserte Triebwerke, ein am Rumpf montiertes *Forward-Looking Infra-Red (FLIR*, Vorwärtssicht-Infrarotgerät), ein Geländefolge- und Hinderniswarnradar, über modernste Abwehrmöglichkeiten gegen Gefechtsköpfe und über abhörsichere Funkgeräte. Die Triebwerke des MH-60 K wurden ebenfalls leistungsgesteigert. Wie beim MH-47 E Chinook ist ein modernes Avionik-System* in das voll verglaste Cockpit eingearbeitet. Der MH-60 K ist verladefähig, das heißt, er lässt sich mit »zusammengefaltetem« Hauptrotor in Großraumtransportflugzeugen C-5 oder C-17 oder aber im Schiffsunterdeck eines Hubschrauber- oder Flugzeugträgers unterbringen.

Insgesamt erhöht die moderne Zusatztechnik das Gesamtgewicht des Hubschraubers gegenüber der Normalausführung UH-60 L um 900 kg auf rund elf Tonnen. Zur Besatzung des MH-60 K gehören neben den beiden Piloten zwei Bordschützen, die – je nach Waffenbestückung – zwei sechsläufige Revolver-MG des Typs Minigun M-134 (7,62 mm x 51) oder zwei dreiläufige Rotations-MG GECAL

---

* A.d.L.: Avionik = Sammelbezeichnung für elektronische, hochfrequenz- und regelungstechnische Geräte und Anlagen, z.B. Flugregler, Navigations- und Datenverarbeitungssysteme.

Drei leistungs- bzw. kampfwertgesteigerte Ausführungen des Black Hawk fliegen beim 160. Heeresfliegerregiment: der MH-60 L, der MH-60 K und der hier abgebildete AH-60 L DAP mit seinen ESS-Außenstationen für verschiedene Raketen- und Rohrwaffen.

Das Arbeitspferd des 160. Sondereinsatz-Geschwaders: Der Black Hawk MH-60 L mit allen Finessen. Die »Beule« am Bug ist das *Forward-Looking Infra-Red (FLIR)*, das Vorwärtssicht-Infrarotgerät für Nachtflüge.

Zum jahrelangen Training der Piloten des 160th SOAR gehören Übungs- und Einsatzflüge in außergewöhnlichen Umgebungen, wozu auch Wüstengebiete zählen. Man beachte die durch die Rotoren aufgewirbelte, verräterische Staubwolke.

Oben: Ein MH-47 Chinook beweist sich als Kraftpaket, indem er zwei HMMWV-Geländefahrzeugen mit je 2300 kg Leergewicht Höhenluft verschafft. Die flexible Stahlleiter dient zum schnellen Besetzung der Fahrzeuge nach der Landung.

Unten: Ein MH-60 K zapft Sprit an einer fliegenden Tankstelle, einer Hercules MC-130 P Combat Shadow. Derartige Luftbetankungen finden oft zur Nachzeit statt und erhöhen den Aktionsradius des Hubschraubers beträchtlich.

Eine Staffel Black-Hawk-Hubschrauber Staffel bei der Landung auf einer Wüstenpiste in Ägypten.

50 (auch als GAU-19 bezeichnet; 12,7 mm x 99) bedienen. Der MH-60 K kann zwölf voll ausgerüstete Soldaten befördern. Sein Aktionsradius beträgt ca. 350 km; der sich mit Zusatztanks und der Möglichkeit einer Luft zu Luft-Betankung natürlich vergrößern lässt.

Sikorsky AH-60 Direct Action Penetrator (DAP)

Hierbei handelt es sich um eine stärker bewaffnete Variante des UH-60 L Black Hawk. Der AH-60 DAP verfügt über das Wärmebild-Kamerasystem FLIR (Vorwärtssicht-Infrarotgerät), ein Geländefolge- und Hinderniswarnradar, Täuschkörperwerfer gegen gelenkte und ungelenkte Raketen sowie Infrarot-Störeinrichtung IRCM *(Survivability Equipment)*, und ein Satelliten-Kommunikationssystem. Des Weiteren ist der UH-60L DAP mit dem *External Stores System (EES)* ausgerüstet, einem Adaptionssystem, das die

Unterbringung zusätzlicher Ausrüstung und vor allem Bewaffnung an Außenflügeln ermöglicht. Er kann, je nach taktischen Bedürfnissen, mit unterschiedlichen Waffensystemen bestückt werden. Dazu gehören unter anderem lenkbare Hellfire-Raketen, Abschussbehälter für ungelenkte 70-mm-Raketen FFAR, Stinger Luft-Luft-Raketen, Startbehälter für Panzerabwehr-Lenkwaffen TOW oder HOT, sowie eine Reihe Innen- und Außenlafetten für Bordmaschinenwaffen der Kaliber 7.62 mm und 12,7 mm (.50 BMG).

In ihrer Luftnahunterstützungs-Rolle *(Close Air Support, CAS)* für Spezialeinheiten können die UH-60L DAP gemeinsam mit den Hercules AC-130 Spectre und Spooky-Gunships als fliegende Waffenplattformen eingesetzt werden, die auch in schwärzester Nacht präzise Feuerunterstützung liefern.

Ein MH-47 E Chinook- und zwei MH-60 K Black Hawk beim Landeanflug
zum Absetzen einer Ranger-Einsatzgruppe mit Kampfauftrag.

Boeing MH-6 J Little Bird

Den Boeing OH-6 Cayuse und seine leistungs- bzw. kampf-
wertgesteigerten Varianten MH-6 J und AH-6 fliegt das *160th
SOAR* (bzw. seine Vorgänger) schon seit 1981. Die kleinen und
wendigen *»Little Birds«* lassen sich aufgrund ihrer geringen
Abmessungen problemlos in den üblichen Großtransportern
unterbringen. Die MH-6 J haben eine lichte Weite von vier
Metern und können in weniger als zehn Minuten in Hercules C-
130, C-5 Galaxy oder C-17 Globemaster verladen und zu den
jeweiligen Einsatzgebieten geflogen werden. In den Bauch der
riesigen C-5 Galaxy passen unglaubliche 22 *»Little Birds«* und
in die C-17 Globemaster immerhin noch zwölf MH-6 J.

Das *160th SOAR* entwickelte den »Kleinvogel« in zwei
Ausführungen weiter: Als Waffenträger AH-6 und als
Transport- und Erkundungsvarianten MH-6 J. Letztere waren
übrigens die ersten Heereshubschrauber, die 1983 in
Grenada bei der Operation »Urgent Fury« zum Einsatz

kamen. Seit 1982 bis heute fanden sie bei nahezu allen
größeren militärischen Aktionen der Vereinigten Staaten
Verwendung, wobei sie vor allem nachts flogen: am
Persischen Golf und im Irak, in Panama, in Haiti, in Somalia
und in Afghanistan.

In den letzten Jahren wurden die Avionik-Ausrüstung der
»Little Birds« derart verbessert, dass sich die Umrüstung
von der AH- zur MH-Variante – und umgekehrt – schnell
und unkompliziert bewerkstelligen lässt. Zu den Leistungs-
steigerungen gehören auch der Einbau eines Flug-
Management Systems, digitale Farbkarten, eine
Wärmebildzieleinrichtung einschließlich des bereits
erwähnten FLIR-Systems, Nachtsichtgeräte, Satelliten-
gesteuerte Verbindungsmittel und abhörsichere
Funkgeräte. Eine Besonderheit ist der Anstrich mit
Infrarot-reflektierender schwarzer Farbe. Natürlich verfügen auch die *»Little Birds«* über Defensiveinrichtungen wie

Eine Gruppe Ranger verlässt den Hubschrauber. Die Männer werfen sich sichernd auf den Boden, bis alle Kameraden den Hubschrauber verlassen haben und dieser wieder verschwunden ist. Normalerweise würde auch der Bordschütze die überlegene Feuerkraft seiner Minigun M-134 aus der vorderen Tür zum Einsatz bringen, doch der ist offensichtlich gerade anderweitig beschäftigt.

Infrarotstörer und Täuschkörperwerfer. Wird das als »The Plank« (Diele, Brett, Planke) bekannte System montiert, lassen sich bis zu vier Soldaten sozusagen außen als »Trittbrettfahrer« mitnehmen, wobei im Innenraum zusätzlich zwei Soldaten Platz finden (siehe Abb. auf Seite 61 oben). Alternativ lassen sich Abschussbehälter bzw. Plattformen für verschiedene Raketen- und Rohrwaffen anbringen, darunter Hellfire- und Stinger-Raketen sowie Rotations-MG Minigun M-134.

Für die Zukunft sind für die »Little Birds« folgende Verbesserungen vorgesehen: Stärkere Triebwerke, völlig neue, sechsblättrige Rotoren und die Full Authority Digital Engine Control (FADEC) – eine vollautomatisch arbeitende, digitalisierte Triebwerkskontrolle. Zur Leistungssteigerung werden fernerhin die modernsten Nachtsicht-, Funk- und Navigationsgeräte eingebaut. Hinzu kommt noch ein Integrated Flight/Mission/Weapons and Tactical Display

System – eine Art -Bordrechner mit visueller Ziel- und Geländedarstellung bzw. -erkennung, der mit dem zentralen Einsatzführungssystem MIL-STD-1553 Databus verbunden ist. Des Weiteren soll das »Plank«-System durch ein verbessertes und leichteres »Universal Plank«-System abgelöst werden. Damit lassen sich weitere Waffen- und Lasersysteme, voluminösere Treibstofftanks oder noch mehr Soldaten transportieren.

Boeing MH-47 E Chinook

Das 160th SOAR operiert mit zwei Spezialeinsatz-Varianten des bekannten CH-47 Chinook, dem »Lastenesel« unter den Hubschraubern des Heeres: dem MH-47 D und dem MH-47 E. Die Ausführung MH-47 Delta erhielt eine zusätzliche Ausrüstung für Sondereinsätze und spezielle Einsatzaufgaben. Dazu gehören abhörsichere Funkgeräte und Satelliten-Kommunikationseinrichtungen, Navigations-

geräte und Avionik der neuesten Generation, Wärmebild-kameras, eine Vorrichtung zur Luft-Luft-Betankung, passive Abwehranlagen, einschließlich eines Radar- und Laser-warnsystems und einer Infrarotstör- und Täuschvorrichtung.

Den MH-47 Echo entwickelte Boeing speziell für das 160. Sondereinsatz-Geschwader. Grundlage bildete die Forde-rung, bei Tag und Nacht und unter widrigsten Witterungs- und Geländebedingungen innerhalb von fünfeinhalb Stunden einen verdeckten Auftrag im Tiefflug ausführen zu können; wobei der Einsatzradius auf rund 560 km festgelegt wurde. Die Erfolgsaussicht sollte mindestens 90% betragen. Der MH-47 E verfügt über eines im Glascockpit voll integriertes Avionik-System IAS, das kompatibel mit dem des MH-60 K ist. Das IAS erlaubt globale Kommunikation. Zur Navigations- und Allwetterausrüstung gehört auch FLIR und eine Geländefolge- und Hinderniswarnradar zur Berechnung

der Oberflächenstruktur bei Tiefflugoperationen zur Nachtzeit und unter ungünstigen Wetterbedingungen.

Der MH-47 E hat die doppelte Kraftstoff-Kapazität des Standard-Chinook CH-47 D; eine Vorrichtung zur Luftbetankung und verbesserte Triebwerke T55-L714 mit vollautomatischer digitaler Regelung. Der MH-47 E kann 44 vollausgerüstete Soldaten einschließlich zweier leichter Einsatzfahrzeuge befördern.

Ranger beim schnellen Abgleiten von ihren MH-60 L auf die Dächer von Gebäuden, die sich in einer Anlage zum Üben des Orts- und Häuserkampfes befinden, im Fachjargon *(Military Operations in Urban Terrain (MOUT)* genannt. Es gilt der taktische Grundsatz, dass Gebäude nach Möglichkeit von oben nach unten gestürmt werden.

Kapitel 6

Das Kommando Sonderoperationen der Luftwaffe

US Air Force Special Operations Command

Vor einem geschichtlichen Hintergrund, der bis zu den *Air Commandos* und *Carpetbaggers** des II. Weltkrieges zurück reicht, wird die Tradition dieser Sonderverbände der Luft vom heutigen *Air Force Special Operations Command* – dem Kommando Sonderoperationen der Luftwaffe – fortgesetzt. Seine Hauptaufgabe ist es, durch den Einsatz hochtechnisierter fliegender Verbände die Luftunterstützung für Sondereinheiten und Sonderunternehmen am Boden sicherzustellen – wann und wo dies auch immer notwendig wird.

Das *US Air Force Special Operations Command (AFSOF)* mit Hauptquartier auf dem Luftwaffenstützpunkt Hurlburt in Florida *(Hulburt Field Air Force Base)* wurde im April 1987 Teil des *US Special Operations Command*. Nach einigen Umbenennungen und organisatorischen Änderungen Mitte der 90er-Jahre gliedert sich das Kommando heute in drei Sondereinsatz-Geschwader *(Special Operations Wings, SOW)* mit verschiedenen Sondereinsatz-Gruppen *(Special Operations Groups, SOG)* die für unterschiedliche Operationsgebiete zuständig sind, sowie verschiedene Staffeln

(Squadrons) und andere Einrichtungen:

16th Special Operations Wing	Hurlburt Field, Florida,
352nd Special Operations Group	Mildenhall, Großbritannien
353rd Special Operations Group	Kaneda, Japan
720th Special Tactics Group	Hurlburt Field, Florida
18th Flight Test Squadron	Hurlburt Field, Florida
US Air Force Special	
Operations School	Hurlburt Field, Florida

193rd Special Operations Wing, Air National Guard
Harrisburg, Pennsylvania

919th Special Operations Wing, Air Force Reserve
Duke Field, Florida
280th Special Operatins Communications
Squadron, Air National Guard   Dothan, Alabama

Das 16. Sondereinsatz-Geschwader *(16th SOW)* untersteht den Stäben des *Central Command, Joint Forces Command* und *Southern Command*, wobei die 352.

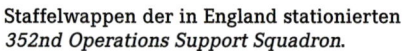

Staffelwappen der in England stationierten *352nd Operations Support Squadron.*

Staffelwappen der mit MC-130H Combat Talon II ausgerüsteten *7th Special Operations Squadron.*

Staffelwappen der *352nd Maintenance Squadron,* zuständig für die Wartung der MC-130H, MC-130P und MH-53 Pave Low in England.

Sprung über die Heckrampe: Freifaller verlassen einen CH-53 der 352. Sondereinsatz-Gruppe während einer Gebirgs- und Winterkampfübung in den Alpen 1999.

Sondereinsatz-Gruppe den europäischen *(European Command)* und die 353. Sondereinsatz-Gruppe den pazifischen Raum *(Pacific Command)* bedient.

Jede Sondereinsatz-Gruppe ist in Einsatzstaffeln *(Flying Squadrons)* unterteilt und verfügt zusätzlich über je eine Staffel für Sonderaufgaben *(Special Tactics Squadron)*, eine Wartungsstaffel *(Maintenace Squadron)* und eine Unterstützungsstaffel *(Operations Support Squadron)*.

Das AFSOC trägt im eigenen Interesse Sorge dafür, dass es nur die besten Piloten und Besatzungen für seine speziell ausgerüsteten Hubschrauber und Flugzeuge erhält. Sie müssen in der Lage sein, die *Air Commandos* am Boden und die Luftretter des Verbandes optimal aus der Luft zu unterstützen. Aber das ist, wenn man so will, nur eine begleitende Aufgabe. Der Hauptauftrag des AFSOC besteht darin, die Sondereinsatzkräfte von Heer, Marine und Marineinfanterie samt Ausrüstung verdeckt an ihre Einsatzorte bzw. in ihre Kampfzonen zu verbringen und nach erfülltem Auftrag wie-

der aufzunehmen, ihnen Feuerunterstützung aus der Luft zu geben (Luftnahunterstützung), sie mit Nachschub zu versorgen sowie Luftaufklärung zu betreiben. Bergungs- und Rettungsaktionen für über Feindgebiet abgeschossene Flieger gehören auch dazu. Eine weitere Aufgabe umfasst jenen Bereich, der sich etwas nebulös mit »Unterstützung befreundeter Regierungen und weltweite Antiterror-Maßnahmen« umschreiben lässt. Dahinter verbergen sich verschiedenste taktische und strategische Manöver; Flüge im Rahmen der Kleinkriegs- und der Psychologischen Kriegführung zählen ebenso dazu wie Maßnahmen zur Bekämpfung des internationalen Drogenhandels oder humanitäre Aktionen.

Bei dieser Menge an Aufträgen wundert es nicht, dass im Monat an die 4700 Flugstunden zusammen kommen. Das AFSOC war in den letzten 20 Jahren nahezu an allen

*A.d.L.: Die *Carpetbaggers* (direkt übersetzt: »politische Abenteurer«; auch im Sinne von »Hausierer« gebraucht) waren ein 1944 aufgestellter fliegender Verband für Sonderaufgaben, der u.a. Agenten hinter den feindlichen Linien absetzte bzw. aufnahm und Propagandamaterial abwarf. Siehe dazu Hartmut Schauer: *US Air Commandos. Die »Special Forces« aus der Luft*, Seite 19 ff.

Abzeichen der mit Hubschraubern des Typs MH-53M Pave Low ausgerüsteten 21. Sondereinsatz-Staffel, die den Beinamen *»Dust Devils«* – »Staubteufel« – führt.

Abzeichen der im britischen Suffolk stationierten *321st Special Tactics Squadron,* die *Combat Controller* und Luftretter *(Para-Rescuer)* umfasst.

(NEO's) gehören, was wörtlich »Evakuierung von Nichtkämpfern« – sprich: Zivilisten – bedeutet . Für Schlagzeilen sorgten die Operation »Assured Response«, die Evakuierung von 2100 US-Bürgern aus Monrovia, der Hauptstadt Liberias; und eine weitere »Ausflugs-«Aktion im Kongo 1996. Auch bei der Operation »Silver Wake« in Albanien wurden 1000 Zivilisten evakuiert. Als humanitäre Hilfe lief auch die Großoperation »Provide Comfort« 1991 in Kurdistan. Damals verlegten Talon-Transporter und MH-53 Pave Low der 352. Sondereinsatz-Gruppe in die Türkei, um von dort der notleidenden kurdischen Bevölkerung im türkisch-irakischen Grenzgebiet mit Nahrung, Kleidung, Zelten und medizinischer Versorgung über Kriegsfolgen und Winter zu helfen.

Die 352. Sondereinsatz-Gruppe

Eine der meistbeschäftigten AFSOC-Verbände und typisch in Aufbau und Gliederung für die Sondereinsatzkräfte der US-Luftwaffe ist die im englischen Mildenhall stationierte *352nd Special Operations Group.*

Sie ist für die Luftunterstützung der in Europa stationierten amerikanischen Spezialeinheiten verantwortlich. Der Bereich des *European Command (EUCOM)* umspannt drei Kontinente, deckt 91 Staaten ab und umfasst ein Operationsgebiet von mehr als 13 Millionen Quadratmeilen. Die 352. Sondereinsatz-Gruppe untersteht dem *Special Operations Command Europe (SOCEUR).*

Der Luftwaffen-Verband wird für offene wie verdeckte Einsätze herangezogen. Dank der speziell ausgerüsteten und in der Luft betankbaren Flugzeug- und Hubschraubertypen, die ihm zur Verfügung stehen, eignet er sich natürlich im besonderen Maße für Unternehmen, an denen Spezialkräfte des Heeres (Ranger, Delta, Special Forces) und der Marine (SEALs) beteiligt sind. Die 352nd SOG befindet sich wie alle anderen *Air Force Special Operations Groups* in ständigem Training und in der Weiterbildung. Denn nur so lassen sich schnelle Einsatzbereitschaft und »maßgeschneiderte« Einsatzvarianten für die vielfältigsten militärischen und humanitären Lagen gewährleisten.

Die 352. Sondereinsatz-Gruppe besteht aus einer Stabsstaffel (nicht gesondert aufgeführt), vier Einsatzstaffeln, einer Wartungs- und einer Unterstützungsstaffel:

7th Special Operation Squadron –
ausgerüstet mit MC-130H Combat Talon II
21st Special Operations Squadron –
ausgerüstet mit MH-53M Pave Low IV
67th Special Operations Squadron –
ausgerüstet mit MC-130P Combat Shadow

Auslandseinsätzen und Kriegen der USA beteiligt, um nur die größten Unternehmen zu nennen: Operation »Urgent Fury« in Grenada 1983, Operation »Just Cause« in Panama 1989, die Operationen »Desert Shield« und »Desert Storm« im Golfkrieg von 1990; die Operation »Provide Comfort« in Kurdistan 1991; die Operation »Restore Hope« in Somalia 1992; die Operation »Uphold Democracy« in Haiti 1994, die Operation »Deliberate Force/Joint Endeavour« auf dem Balkan 1995, die Operation »Joint Guard« auf dem Balkan 1997, die Operation »Allied Force« im Kosovo 1999, die Operation »Enduring Freedom« in Afghanistan 2001 und natürlich flogen – und fliegen immer noch – AFSOC-Verbände im 2003 vom Zaun gebrochenen Irakkrieg.

Wie bereits angedeutet, werden die Sondereinsatz-Geschwader aber auch zu humanitären Einsätzen herangezogen, zu denen so genannte *Non Combatant Evacuations*

U.S. AIR FORCE C-130E
A.F. SERIAL NO. 63-7814
SERVICE THIS AIRCRAFT
WITH GRADE JP-8 FUEL
REFERENCE T.O.42B1-1-14
IDENTIPLATE LOCATION
INSIDE S.P.R. PANEL

NIGHT OWL

ON THE PROWL

DCC S
ACC S

»Kampf«-Bemalung einer MC-130P Combat Shadow der 67. Sondereinsatz-Staffel: »Night Owl on the Prowl« – »Nachteule auf Streife«.

321st Special Tactics Squadron –
Combat Controller und Pararescuer
352nd Maintenance Squadron –
Wartungsstaffel
352nd Operations Support Command Squadron –
Unterstützung und Nachschub.

Flugzeuge und Hubschrauber

Mitte der 80er-Jahre setzten die US-Spezialverbände die Erkenntnisse der so genannten Holloway-Studie um. Die Luftwaffe begann mit der Kampfwertsteigerung und Modernisierung von Flugzeugen und Hubschrauber für Sondereinsätze, die sich insbesondere für nächtliche Langstreckenflüge in geringer Höhe, für Bergungsoperationen sowie die Luft-Boden-Versorgung von Spezialeinheiten eigneten. Die Air Force, die ja bereits auf eine langjährige Erfahrung bei Kampfrettungseinsätzen

(Combat Search and Rescue Missions, CSAR) und bei den verschiedensten Verfahren zur Luft-Luft-Betankung zurückblicken konnte, begann nun mit der Modernisierung und Einsatzsteigerung jener Muster, die heute bei ihren Sonderoperationen fliegen: Drei Spezialvarianten der viermotorigen Transportmaschine Hercules C-130 und des Transporthubschraubers MH-53 Pave Low IV.

Bei Letzterem handelt es sich um eine wesentlich verbesserte Abart des berühmten »Jolly Green Giant« (zu Deutsch: »Toller Grüner Riese«), der schon während des Vietnam-Krieges gute Dienste geleistet hatte.

Bei den AC-130H Spectre- und AC-130U Spooky Gunships handelt es sich um Weiterentwicklungen der als fliegende

Folgende Doppelseite: Zwei Kampflotsen (Combat Controller) inmitten einer Auswahl ihrer umfangreichen Ausrüstung und Bewaffnung. Diese Spezialisten unter dem weinroten Barett gehören zusammen mit den Luft- oder Fallschirmrettern (Pararescuer), die ein kastanienbraunes Barett tragen, zu den bestausgebildetesten Soldaten unter den amerikanischen Spezialeinheiten.

Zwei Hubschrauber MH-53 Pave Low der 21. Sondereinsatz-Staffel auf dem britischen Luftwaffenstützpunkt Mildenhall.

Blick auf Bedienelemente und Instrumente in der Kanzel eines MH-53 Pave Low IV. Dazu gehört das für den Pave Low IV charakteristische interaktive Avionik- und Abwehrsystem IDAS/MATT *(Interactive Defence Avionics System/Multi-Mission Advanced Tactical Terminal)* mit vier Farbbildschirmen, auf denen die aktuelle Flugroute sowie alle wichtigen Flug- und Einsatzinformationen dargestellt werden.

Blick in den »Kampfraum« eines Pave Low IV der 21. Sondereinsatz-Staffel. Im Vordergrund zwei Bordschützen hinter ihren Minigun M-134 (7,62 mm x 51), die dank elektrischem Antrieb und Munitionszuführungssystem MAU-56A eine theoretische Feuergeschwindigkeit von 6000 Schuss/min erreicht. Hinten ist der Bordingenieur bei der Überwachung der Bildschirme, Funkgeräte und Abwehranlagen zu sehen.

Dem Heckschützen im Pave-Low-Hubschrauber steht entweder ein schweres Maschinengewehr M-2 (Kal. .50 BMG, 12,7 mm x 99) oder, wie in diesem Fall, eine Minigun M-134 (7,62 mm x 51) zur Verfügung.

Waffenplattform zur Luftnahunterstützung eingesetzten, im hohen Maße nachtflugtauglichen Ausführung der Hercules C-130. Ihre Bewaffnung und modernen Richtmittel erlauben eine sehr wirksame und zielgenaue Feuerunterstützung auch in räumlich sehr begrenzten Bereichen. So kann sie mit punktgenauem Feuer selbst Einheiten mit unmittelbarer Feindberührung sowie im Orts- und Häuserkampf entlasten oder Konvoisicherung aus der Luft übernehmen.

Das Abriegeln von Feindangriffen mit massivem Feuer ist ebenso möglich wie der Schutz eigener Bodentruppen oder von Objekten, wie etwa Feldflugplätze oder Versorgungslager. Da die AC-130 durch KC-135-und KC-10-Flugzeuge in der Luft betankt werden können, sind sie in der Lage, entsprechend lange über einem Operationsgebiet zu verbleiben.

AC-130 Gunship

Dieser fliegende Waffenträger ist als AC-130H Spectre Gunship mit zwei 20-mm-Revolverkanonen, einem 40-mm-Schnellfeuergeschütz und einer 105-mm-Haubitze bestückt. Die Besatzung setzt sich aus einem Piloten, einem Co-Piloten, einem Navigator, einem Feuerleitoffizier, einem Offizier für elektronische Kriegsführung, einem Bordmechaniker, einem TV-Beobachter, einem Infrarot-Spezialisten, einem Lademeister und vier Bordschützen zusammen.

Die Ausführung AC-130U Spooky (»Spukgespenst«), bedacht mit dem Spitznamen »U-Boot«, ist eine kampfwertgesteigerte Ausführung der AC-130H Spectre (»Schreckgespenst«) mit Druckkabine (was Operationen in größeren Höhen erlaubt), verbessertem Schutz der Besatzung vor feindlicher Waffenwirkung und einer Waffenanlage, welche die gleichzeitige Bekämpfung mehrerer Ziele erlaubt. Die Bewaffnung besteht aus einer 40-mm-Schnellfeuerkanone von Bofors (theoret. Feuergeschw. 100 Schuss/min), einer 105-mm-Haubitze (6-10 Schuss/min) und einer 25-mm-Revolverkanone GAU-12 (theoret. Feuergeschw. 1800 Schuss/min).

MC-130 Combat Talon II

Die unbewaffnete MC-130 Combat Talon II (»Kampfklaue«) kann unter widrigsten Witterungsbedingungen bei Tag und Nacht ihren Auftrag erfüllen, und dies im Tiefstflug. Das macht sie zum geeigneten Fluggerät für das Absetzen und Ausfliegen von Spezialeinsatzkräften sowie für deren Nachschubversorgung. Die Talon kann in der Luft betankt werden, ist u.a. mit Trägheitsnavigationssystem, einer hochmodernen Einrichtung zur satellitengestützten Navigation sowie einem Geländefolge- und Hinderniswarnradar versehen und verfügt über die neuesten Abwehrsysteme gegen Raketenbeschuss vom Boden. Ihre Besatzungen werden besonders für Nacht- und Langstreckeneinsätze ausge-

bildet und entsprechend ausgerüstet. Nachtsichtgeräte in Form von Höchstleistungs-Bildverstärkerbrillen, Erdoberflächenerkennungsradaranlagen, genauesten Navigationssystemen, Infrarot-Bildverstärkersystem FLIR (Forward Looking Infra Red) und allerhand sonstige elektronische Raffinessen gehören zum Standard. Diese versetzten Maschine und Besatzung in die Lage, verdeckt in den feindlichen Luftraum einzudringen und kleine Absetzzonen und Landemöglichkeiten zu lokalisieren, um Menschen und Material am Schirm abzusetzen. Tiefflugabwürfe von Schwerlasten können bei Fluggeschwindigkeiten bis zu 140 Knoten durchgeführt werden und Präzisionsabwürfe von leichten Lasten sind bis 250 Knoten Fluggeschwindigkeit möglich.

Außerdem ist die Talon in der Lage, zur Nachtzeit und bei schlechten Wetterverhältnissen Starts und Landungen selbstständig, d.h. ohne Lotsen- oder andere »äußere« Hilfe, durchzuführen, da sie über ein Erdoberflächen-Erkennungsradar (Terrain Following/Terrain Avoidance TF/TA) und präzise Navigationssysteme verfügt, die den An- und Abflug in einem vorberechneten Gleitwinkel ermöglichen. Um die

Zwei MH-53M Pave Low IV bei der Landung. Die mächtigen Rotoren wirbeln Planzen- und Bodenpartikel auf.

Landebahn ausfindig zumachen und sich zu vergewissern, dass die Landung problemlos durchgeführt werden kann, werden Radar, Nachtsichtbrillen und FLIR benutzt.

MC-130P Combat Shadow

Viele Talon-Einsätze könnte auch die MC-130P Combat Shadow (»Kampf-Schatten«) durchführen; ihre Hauptaufgabe ist jedoch die Luft-zu-Luft-Betankung der Sondereinsatz-Hubschrauber, meist bei Nacht. Die Besatzungen tragen Nachtsichtbrillen und benutzen am Bug montierte Wärmebildsysteme zur Tiefflugbetankung, die bei völliger Funkstille stattfindet. Eine Combat Shadow kann zwei Hubschrauber gleichzeitig bedienen, indem sie die in den Tragflächen installierten Tankschläuche mit ihren Windstabilisatoren gleichzeitig ausfährt. Des weiteren wird die MC-130P Combat Shadow zum Absetzen von Kommando- und Fernspähtrupps, Ausrüstung und Verbringungsmitteln wie Schlauchbooten eingesetzt. Dank der ausgezeichneten Nachtsichtbrillen kann die Besatzung nächtliche Starts und Landungen mit der Combat Shadow durchführen.

EC-130 Commando Solo

Diese Sonderausführung der C-130 Hercules ist für die Psychologische Kriegführung, Propaganda-Operationen sowie Abhör- und Störeinsätze zugeschnitten. Ihre Ausstattung ermöglicht die Ausstrahlung von Rundfunk- und Fernsehsendungen im Mittelwellen-, Ultrakurzwellen- und Hochfrequenzbereich. Leistungsstarke Störsender sowie Abhöranlagen zur Überwachung und Entschlüsselung des gegnerischen Funkverkehrs befinden sich ebenfalls an Bord. Die Commando Solos fliegen in großen Höhen, um eine maximale Wirkung ihrer elektronisch-funktechnischen Aktionen zu erzielen. In Panama (Operation »Just Cause«) und in Serbien (Unternehmen »Allied Force«) operierten die Psycho-Flieger mit großem Erfolg, wie berichtet wird.

Rechts: Ein MH-53 Pave Low IV beim Einsatztraining an der *USAF Special Operations School* in der Nähe des Luftwaffenstützpunktes Kirkland.

Unten: Der MH-53 Pave Low flog in den vergangenen Jahren als Ausführung VH-53D Pave Low III und MH-53J Pave Low III. Der MH-53M Pave Low IV stellt die modernste Version und zugleich das derzeit einzige Hubschraubermodell des AFSOC dar. Die MH-60G Pave Hawk wurden an übergeordnete *Air Combat Command* abgegeben.

Links: Ein MH-53 Pve Low beim Ausstoß von IR-Täuschkörpern oder -Fackeln, welche die Suchköpfe von Infrarot-gesteuerten Flugkörpern, wie etwa Boden-Luft-Raketen, anziehen und damit vom Hubschrauber ablenken. Gegen radargelenkte Flugkörper wirken u.a. so genannte Düppel-Täuschkörper.

Oben: Ein MH-53M Pave Low beim Anflug zur Luftbetankung. Rechts unten ist der Tankstutzen einer MC-130P Combat Shadow mit dem Windstabilisator zu erkennen. Die Aufnahme entstand 2000 in Mosambik, wo die 21st SOS humanitäre Hilfe bei der Flutkatastrophe leistete.

Unten: Sehr gut sind hier die Pave-Low-Nase am Bug sowie die beiden bombenförmigen Zusatztanks zu erkennen.

Zwei MH-53M Pave Low – hier ohne Zusatztanks – beim Anflug auf den Fliegerhorst Bardufoss in Nordnorwegen.

MH-53M Pave Low IV

Das AFSOC verfügt über eine Luftflotte von 30 Hubschraubern der Ausführung MH-53M Pave Low IV, die mit der modernsten Technik und Avionik ausgerüstet sind. *PAVE LOW* steht für *Phased Array Vertical Emission, Low Object Warning*, was Geländefolge- und Hinderniswarnradar bedeutet. Dieses versetzt den Pave Low IV in die Lage, im Tiefstflug bei Tag und Nacht, auch unter sehr schlechten Witterungsbedingungen, lange Strecken zu fliegen, um Einsatzkräfte abzusetzen, aufzunehmen oder mit Nachschub aller Art und Munition zu versorgen. Nach der 2002 abgeschlossenen Überstellung der MH-60 Pave Hawk Hubschrauber zum *Air Combat Command* ist der Pave Low nun der einzige Hubschraubertyp, der innerhalb des AFSOC Verwendung findet.

Der Pave Low ist einer der technisch am weitesten entwickelten Hubschrauber unserer Zeit. Seine elektronische Bordausrüstung setzt sich aus den modernsten Fernmelde-, Allwetternavigations- und Flugregelsystemen zusammen, zu denen etwa das oben erwähnte Geländefolge- und Hinderniswarnradar, ein Vorwärtssicht-Infrarotgerät FLIR, sowie das IDAS/MATT-System gehören. In diesem *Interactive Defence Avionics System/ Multi-Mission Advanced Tactical Terminal* werden die gesamten für Navigation und Einsatz relevanten Daten einschließlich der elektronischen Abwehrsysteme von einem MIL-STD 1553 Databus verarbeitet und abgestimmt. Die so gewonnenen Erkenntnisse werden in Form eines mitlaufenden Digitalkartenausschnitts auf einer der Multifunktions-Farbbildschirme (MFD) dargestellt. Derart werden alle taktischen Informationen auf einen Bildschirm sichtbar, der durch Sattelitenunterstützung immer auf dem neusten Stand gehalten werden kann. Dieses System zeigt die Flugroute des Hubschraubers an, wie diese

Ein AC-130 Gunship beim Anflug zur Luftbetankung durch eine vierstrahlige KC-135.

durch aufkommende Gefahren beeinträchtigt wird, und welche Flughöhe nötig ist, um einer Entdeckung zu entgehen. Außerdem gibt das System ein Bild der überflogenen Geländeformation wider, dessen Perspektive sich bei jeder Flughöhenänderungen neu darstellt. Außerdem werden die bereits geflogene Route, der Treibstoffverbrauch und die vermutliche Ankunftszeit (ETA) angezeigt. Für den Fall, dass sich eine »Gefahr« auf der vorbereiteten Flugroute abzeichnet, übernimmt das System automatisch die Neuberechnung der besten Ausweichflugroute, sowie die benötigte Fluggeschwindigkeit und die sich dadurch ergebende Zeit zum Erreichen des Einsatzziels. Das System arbeitet aber nicht nur in Bezug auf Routen und Gefahrensituationen, sondern erkennt auch selbstständig Gefahr durch Feindradar oder Raketenbeschuss, wobei es Abwehrmaßnahmen aktiviert, wie zum Beispiel den Ausstoß von Radar- oder

Infrarottäuschkörpern. Ein derartiges System wird auch in das für Sondereinsätze vorgesehene, neue Schwenkrotor-Flugzeug CV-22 Osprey eingebaut, das sich immer noch in Erprobung befindet.

Der Panzerplatten armierte Hubschrauber ist mit drei Rotations-MG Minigung M-134 (7,62 mm x 51) bzw. einem an der Heckrampe montierten schweren MG M-2 (12,7 mm x 99) bewaffnet. Im Laderaum finden 38 Soldaten oder 14 Tragen mit Verwundeten Platz. Der MH-53M kann Lasten bis zu 4,5 Tonnen transportieren.

Die Special Tactics Squadron

Die Fallschirmretter *(Pararescuer),* Kampflotsen *(Combat Controllers)* und Frontmeteorologen *(Combat Weathermen)* sind in der Staffel für Sonderaufgaben, der *Special Tactics*

Eine Rotte MC-130P Combat Shadow. Diese Hercules-Ausführung ist auf die nächtliche Luftbetankung von Hubschraubern der Sonderverbände spezialisiert.

Squadron, zusammengefasst. Diese Spezialisten gehören mit zu den am umfassendsten ausgebildeten Einsatzkräften aller US-Sonderverbände, was sich aus ihren vielfältigen Aufgabengebieten ergibt.

Combat Controller (CCT) sind eine Mischung aus Fliegerleitoffizieren, Vorgeschobenen Beobachtern, Fluglotsen, Pfadfindern und Pionieren. Ihr Auftrag besteht darin, Landeräume ausfindig zu machen und zu sichern, den Flugverkehr zu überwachen und zu leiten, vorgeschobene Tanklager oder Munitionsdepots für die Hubschrauber und C-130-Flugzeuge des AFSOC einzurichten sowie Kampfhubschrauber und Kampfflugzeuge zur Luftnahunterstützung von Bodentruppen anzufordern und einzuweisen. Dabei spielt es keine Rolle, ob es sich um arktische Gefilde, um Wüstenregionen oder sonstiges Terrain handelt.

Die Fallschirmretter – *Pararescuer* oder *Parajumper (PJ)* – werden dazu ausgebildet, im Sprungeinsatz hinter den feindlichen Linien oder in unwirtlichem Terrain zu landen, um abgeschossene oder notgelandete Flugbesatzungen oder andere Verunglückte zu finden, zu bergen, medizinisch zu versorgen und die entsprechenden Maßnahmen zu deren Rettung vorzubereiten. Sie richten Verwundetensammel- und Evakuierungsstellen ein und versorgen diese bis zum Eintreffen weiterer Rettungskräfte bzw. bis zur Evakuierung.

Die Dritten im Bunde sind die Frontmeteorologen, die Männer vom *Combat Weather Team (CWT)*. Die »Kampf-wetterfrösche« sammeln vor Ort Wetterdaten, werten diese aus und erstellen Wettervorhersagen für die übergeordnete Operationsführung. Da AFSOC-Unternehmen meist auf Luft- bzw. Luftlandeoperationen beruhen, sind genaue Wettervorhersagen entscheidend für ihr Gelingen. Frontmeteorologen müssen daher schon vor der ersten Welle im Einsatzgebiet sein und auch unter widrigsten Umständen ihren Auftrag erfüllen können. Daher reicht es nicht aus, nur auf dem Gebiet der Meteorologie firm zu sein; sie müssen auch sämtliche Verbringungs- und Infiltrationstechniken beherrschen und sich auch sonst »wie Soldaten« verhalten. Die Frontmeteorologen mit dem grauen Barett sind sozusagen überkonfessionell; *Combat Weather Teams* versehen nicht nur beim AFSOC der Luftwaffe, sondern auch bei den Sonderverbänden der anderen Teilstreitkräfte ihren Dienst.

Das Zusammenwirken dieser drei Gruppen von Spezialisten – der PJ's, der CCT's und der CWT's – ist für das Gelingen eines Großunternehmens unverzichtbar.

Auswahl und Ausbildung

Bewerber für Fallschirmretter *(Pararescuer)* oder Kampflotsen *(Combat Controller)* müssen an einem anspruchsvollen Lehrgang teilnehmen, der für die PJ's 18 Monate und für die CCT's 14 Monate dauert. Der Kurs beginnt mit einer zehnwöchigen Auslesephase *(Initial Qualification Training Course, IQTC)*, bei der vor allem die körperliche und geistige Stärke der Kandidaten auf die Probe gestellt wird. Die durchschnittliche Ausfallquote liegt zwischen 60 und 80%. Wer den IQTC bestanden hat, wird nach Key West in Florida auf einen vierwöchigen Kampfschwimmer-Grundkurs (Combat Divers Course) geschickt, dem ein dreiwöchiger Fallschirmspringer-Grundlehrgang an der Army Airborne School in Fort Benning, Georgia, folgt. Nahtlos schließt sich der Freifallerkurs an der Air Force Freefall School in Yuma, Arizona, an, wo HALO/HAHO-Sprungtechniken erlernt werden.

Nachdem sie sich ihre Fallschirmschwingen verdient haben, dürfen sich die angehenden PJ's und CCT's drei Wochen lang an der Combat Survival School auf dem Luftwaffenstützpunkt Fairchild in Washington im Überlebenstraining behaupten, bevor es auf den Marinefliegerhorst Pensacola geht zum Underwater Escape Training (Dunker), wo u.a. das Aussteigen aus notgewasserten Flugzeugen und Hubschraubern geübt wird. Nun trennen sich die Wege der angehenden Kampflotsen und Fallschirmretter. Die Pararescuer kommen an die JFK Special Warfare Center and School in Fort Bragg, North Carolina. Hier erfolgt eine erste Spezialisierung auf das künftige Aufgabengebiet in Form eines 24-wöchigen Kampfretter-Lehrgangs (unterteilt in zwei Kurse, den Army Special Forces Combat Medical Course und den Advanced Trauma Medical Course). Die Kenntnisse werden in einem 20-wöchigen Aufbaulehrgang an der Para-

Rescue School auf dem Luftwaffenstützpunkt Kirkland, New Mexico, vertieft.

Indessen besuchen die angehenden Combat Controller den dreimonatigen Fluglotsen-Lehrgang (Air Traffic Control Course), den sie mit der von der US-Luftfahrtbehörde (Federal Aviation Administration) vorgeschriebenen Air Traffic Control Qualification abschließen müssen. Danach geht es für weitere 13 Wochen an die Combat Control School auf dem Luftwaffenstützpunkt Pope in North Carolina.

Nach abgeschlossener Ausbildung sind die Fallschirmretter und Kampflotsen in der Lage, per HALO/HAHO-Fallschirmsprung, durch Abseilen von Hubschraubern, Annäherung mit Booten, als Kampfschwimmer oder mit Kraftfahrzeugen aller Art ihre Einsatzzonen zu erreichen und ihre Aufträge zu erfüllen, wann und wo auch immer.

Ausblick

Innerhalb der nächsten Jahre sollte das Kipprotorflugzeug Bell/Boeing CV-22 Osprey, das schnell wie ein Turboprop-Flugzeug fliegen und senkrecht wie ein Helikopter starten und landen kann, eigentlich den Hubschrauber MH-53M Pave Low IV sowie eine Anzahl MC-130H Combat Talon II und MC-130P Combat Shadow beim Kommando Sonderoperationen der Luftwaffe (AFSOC) ablösen. Die Air

Ausgelegt für die Luftnahunterstützung, wird die AC-130 in hohem Maße von Sondereinsatzkräften am Boden in Anspruch genommen.

Oben: Die Backbord- und »Arbeitsseite« einer AC-130 mit Waffenanlage sowie Zielansprache- und -erkennungssystemen.

Unten: Diese Frontalansicht einer AC-130U zeigt deutlich die Bewaffnung der »fliegenden Artillerie«: Hinten die 105-mm-Haubitze, davor das 40-mm-Schnellfeuergeschütz und vorn die 25-mm-Rohrbündelkanone. Die »Beule« am Bug beherbergt die Wärmebild- und Infrarotgeräte des Waffensystems.

Force hatte bereits einen Bedarf von 80 Flugzeugen CV-22 Osprey angemeldet. Doch einige spektakuläre Abstürze von Versuchsmustern und sonstige Probleme bei der Erprobung, die sogar zu Flugverboten führten, bremsten dieses Vorhaben auf 50 Stück herab. Hauptabnehmer ist das *Marine Corps*, das 2003 seinen Bedarf auf insgesamt 360 Stück bezifferte, wobei 2004 die ersten von zunächst 152 Maschinen zum Stückpreis von über 50 Millionen Dollar ausgeliefert werden sollten.

Vom Grundsatz her eignet sich die Bell/Boeing-Entwicklung sehr gut für Sondereinsatzverbände, da sie diese in die Lage versetzt, Langstrecken-Einsätze durchzuführen, die bisher nur von Hubschraubern und Flugzeugen gemeinsam zu bewältigen sind.

Rechts: Zwei MC-130P Combat Shadow der 67th SOS beim Ausstoß von Infrarot-Täuschkörpern.

Unten: Die AC-130U Spooky (»Spukgespenst«) erhielt den Spitznamen »fliegendes U-Boot«. Im Unterschied zur AC-130H Spectre (»Schreckgespenst«) verfügt »Spooky« u.a. über eine Druckkabine für den Einsatz in größeren Höhen.

Oben: Eine MC-130 Combat Talon beim Lastenabwurf im Tiefstflug, im Fachjargon *Low Altitude Parachute Extraction (LAP)* genannt. Fallschirme ziehen die Last über die Heckrampe aus dem Frachtraum.

Unten: Bodenpersonal der im englischen Mildenhall stationierten 352. Wartungsstaffel bereitet eine MC-130H Combat Talon II der 7. Sondereinsatz-Staffel für einen Nachteinsatz vor.

Dank Nachtsichtbrillen, Multifunktions-Farbbildschirmen (MFD), TA/TF-Radar und FLIR sind die Piloten einer MC-130H in der Lage, bei völliger Dunkelheit und ohne verräterische Cockpit-Beleuchtung zu fliegen.

Die in die Zukunft gerichteten Pläne beschäftigen sich im Weiteren mit der Entwicklung eines *Stealth Gunship*, also eines fliegenden Waffenträgers mit Tarnkappen-Eigenschaften, der kleiner, schneller und wendiger als die AC-130 ist, über modernste Kommunikationsmittel verfügt und den Einsatz einer Vielzahl von Waffen erlaubt.

Andere Wünsche gehen in Richtung Verbesserung bzw. Ablösung des Flugzeugtyps EC-130E Commando Solo auf Grundlage einer Boeing 767; eine *Stealth*-Version der MC-130 Combat Talon II ist ebenfalls im Gespräch. Zu den weiteren Optionen gehören unbemannte Luftfahrzeuge (UAV's) und eine Verbesserung von Ausrüstung und Material für die Sonderverbände, vor allem was Größe, Gewicht und Vielseitigkeit in der Verwendung betrifft.

Folgende Doppelseite: Major Thomas Tran von der 7th SOS beim nächtlichen Trainingsflug in seiner MC-130 Combat Talon II.

Oben: An Bord einer MC-130 Talon II der 7th SOS wartet der Lademeister auf das Signal zum Absetzen einer Last im Tiefstflug bei Nacht.

Unten: Ihre Schwenkrotoren machen die CV-22 Osprey so vielseitig, verbinden sie doch die Fähigkeit eines Hubschraubers, senkrecht zu starten und zu landen, mit der hohen Reisegeschwindigkeit eines Turboprop-Flugzeuges.

Oben: Freifaller einer Spezialeinheit der Marineinfanterie verlassen eine CV-22 Osprey über die Heckrampe.

Unten: Ein *Combat Controller* beim Absprung aus einer MC-130 Combat Talon in der Morgendämmerung.

Oben: Kampflotsen *(Combat Controller)* oder Fallschirmretter *(Pararescuer)* des AFSOC bei einem Übungssprung aus großer Höhe.

Unten: Ein MH-53M Pave Low IV wird in einen Großraumtransporter C-5 Galaxy verladen. Die schnelle Be- und Entlademöglichkeit von Hubschraubern ist eine der wichtigsten Voraussetzungen für ihre Verwendung bei Spezialverbänden.

Oben: Ein Fallschirmretter (links) versorgt den
Piloten eines abgeschossenen oder verunglückten
Kampfflugzeugs – so die Übungslage – in
unwirtlichem Terrain. Die AFSOC-Luftretter sind
bestens ausgebildet und können weltweit ohne
große Vorbereitungszeit eingesetzt werden, um
Angehörige von Sonderverbänden, notgelandete
Flugzeugbesatzungen oder sonstige Verunglückte in
Gebieten weitab der Zivilisation zu versorgen.

Rechts: Der Helm dieses Kampflotsen erlaubt nicht
nur einen Blick auf die integrierte Hör-
/Sprechgarnitur, sondern auch auf die Halterung für
die Bildverstärkerbrille AN/PVS-7. Die mit
Klebeband angebrachte Vorrichtung könnte ein
Lasergerät sein, das sich mit der Nachtsichtbrille
kombinieren lässt.

Schweiß spart Blut: Diese alte Soldatenweisheit gilt auch für angehende *Combat Controller* und *Pararescuer* der Luftwaffe, die ihre körperliche Leistungsfähigkeit in rigorosen Ausleseverfahren unter Beweis stellen müssen.

Kapitel 7

Kampfschwimmer und Einsatzkommandos der Marine

US Navy SEALs

Die *US Navy SEALs* sind die triphibisch einsetzbare Kampfschwimmertruppe der US-amerikanischen Marine. Sie gehören zu den elitärsten und vielseitigsten Sonderverbänden innerhalb des *US Special Operations Command.*

Das Auswahlverfahren der SEALs ist so rigoros, so dass selten mehr als 30% der Bewerber die harten Anforderungen erfüllen. Verglichen mit den anderen Sondereinsatzverbänden handelt es sich bei diesen Marine-Einsatzkommandos um eine verhältnismäßig kleine Truppe von an die 2200 Mann. Pro Jahr werden ungefähr 220 neue SEALs ausgebildet, um die Sollstärke zu erhalten.

SEALs sind Spezialisten in allem, was maritime Sondereinsätze angeht. Ihr Aufgabenspektrum reicht von verdeckter Aufklärung und Kommandounternehmen im Küstenbereich über Unterwasser-Sabotage und Fluss-Patrouillen bis hin zu Antiterror-Einsätzen. *Nomen est omen: SEAL* steht für *Sea = Meer,* Air = Luft, und *Land* = Land, und bedeutet, dass die Angehörigen dieses amphibischen Kleinkampfverbandes der Marine dazu ausgebildet sind, Einsätze zur See, zu Land oder aus der Luft durchzuführen, weshalb

Den SEALs stehen die beiden Marineflieger-Hubschrauberstaffeln HS-4 und HS-5 zur Verfügung, die mit Sikorsky HH-60H Strike Hawk ausgerüstet sind. Man beachte den Marine-typischen grauen Anstrich.

Oben: An diesem HH-60 Sea Hawk sind das Vorwärtssicht-Infrarotgerät FLIR und die Bewaffnung mit Hellfire-Lenkraketen (eine Rakete rechts im Startgerüst) gut zu erkennen.

Unten: SEALs beim schnellen Abgleiten von einem HH-60H Strike Hawk auf das Deck eines Schnellbootes Mk 5 *Special Operations Craft,* das für Sondereinsätze entwickelt wurde.

Während einer Enterübung überwacht ein SEAL mit seinem Karabiner M-4 A1 aus dem Hubschrauber heraus das Vorgehen seiner Kameraden.

jeder SEAL unter anderem gründlich im Fallschirmspringen geschult wird. Zudem ist *Seal* der englische Begriff für Robbe und auch dies dürfte bei dieser Elitetruppe kein Zufall sein.

Das Naval Special Warfare Command

Die SEALs sind neben anderen Marine-Truppenteilen dem *Naval Special Warfare Command*, dem Kommando Sonderkriegführung der Marine, unterstellt. Dessen Hauptquartier befindet sich auf der *Coronado Naval Base*, einem Marinehafen im kalifornischen San Diego.

Zu den Aufgaben dieses übergeordneten Kommandostabes gehört die Führung und Unterstützung der Sondereinsatzkräfte der Marine sowie deren Koordination mit den Spezialverbänden anderer Teilstreitkräfte bei gemeinsamen Unternehmen. Dem *Special Warfare Command* unterstehen als Einsatzverbände die *Naval Special Warfare Groups* 1 und 2 (Marinegruppen für Sonderkriegführung); die *Naval Special Warfare Development Group, NSWDG* (Erprobungs-

und Entwicklungsgruppe des Kommando Sonderkriegführung der Marine), hinter der sich das schwerpunktmäßig zur Terrorismusbekämpfung aufgestellte *SEAL Team 6* verbirgt; das *Naval Special Warfare Center* (Ausbildungszentrum für Sonderkriegführung der Marine), sowie die *Special Boat Squadrons* 1 und 2 (Bootsstaffeln für Sondereinsätze).

Die *Naval Special Warfare Groups* untergliedern sich wiederum in *Naval Special Warfare Units (NSWU)* (Marineeinheiten für Sonderkriegführung), *SEAL Teams* (SEAL-Einsatzgruppen) und *SEAL Delivery Vehicle Teams* (SEAL Tauchfahrzeug-Gruppen). Die NSWUs sind über die ganze Welt verteilt; die *Naval Special Warfare Unit 2* untersteht beispielsweise der *European Special Operations Command Group* mit Sitz in Stuttgart.

Die NSWUs unterteilen sich nach ihren Standorten an den Küsten der Vereinigten Staaten in *Western Teams* und *Eastern Teams* (West- und Ostgruppen). Zu den *Western Teams* gehören die in Coronado stationierten *SEAL Team 1*, *SEAL Team 3* und *SEAL Team 5*. Zu den *Eastern Teams*

Oben und links: SEALs beim Absetzen eines Schlauchbootes über die Heckrampe eines Boeing CH-46 Sea Knight des Marineinfanterie-Korps. Das als *Combat Rubber Raiding Craft, CRRC,* bezeichnete kleine Schlauchboot für Gefechts- und Stoßtruppeinsätze lässt sich aufgrund seiner geringen Abmessungen und seines Leergewichts von rund 130 kg ohne größeren Aufwand in Hubschraubern und Flugzeugen transportieren. Ein 115-PS-Außenbordmotor verleiht ihm eine Höchstgeschwindigkeit von 18 Knoten (ca. 32 km/h); der Fahrbereich wird mit 60 Seemeilen (ca. 112 km) angegeben. Es kann acht Soldaten und einen Bootsteuerer aufnehmen

Rechts: Angehörige des SEAL Team 5 während einer Übung in ihrem CRRC-Schlauchboot, das ordentlich Fahrt macht.

Dieser SEAL ist gerade im Begriff, im Rahmen einer SDV-Übung ein abtauchendes U-Boot zu verlassen. SEALs lernen während ihrer Ausbildung viele Arten von Überwasser- wie Unterwasserfahrzeugen als Verbringungsmittel kennen.

Hier sieht man Angehörige des SEAL Team 2, die ein Kampfschwimmer-Verbringungsfahrzeug (SDV) am »Mutter-U-Boot« andocken. Dort wird es in einem druckdichten Außenbehälter untergebracht.

Das Unterwasserfahrzeug wird auf dem Schlitten festgemacht, auf dem es in seine »Garagen«-Röhre geschoben wird (siehe Abbildung rechts).

zählen *SEAL Team 2, SEAL Team 4* und *SEAL Team 8* in Little Creek, Norfolk, Virginia; außerdem das für Terrorismusbekämpfung und »Schwarze Operationen« zuständige *SEAL Team 6* (alias *Naval Special Warfare Development Group*).

Es arbeitet eng mit der Antiterrortruppe des Heeres *Delta Force* und den verschiedenen US-Nachrichtendiensten zusammen. SEALs der NSWDG waren beispielsweise 1993 in Somalia gemeinsam mit Rangern und *Delta Force* eingesetzt (»Black Hawk Down«). Eine Sonderstellung nimmt auch das *SEAL Team 8* ein, das unter anderem für die Bergung von Flugzeugbesatzungen und Gerät aus Feindesland zuständig ist, weshalb seine Angehörigen an Bord der Flugzeug- und Hubschrauberträger stationiert sind, die weltweit an den Gestaden von Krisengebieten operieren.

Die Einsatzgruppen

SEAL Teams

Die Stärke der SEAL-Einsatzgruppen *(SEAL Teams)* schwankt und dürfte in der Regel in Kompaniegröße liegen. *SEAL Teams* bestehen aus 16 Mann starken Zügen oder Einsatzkommandos *(Platoons)*, die taktisch selbstständig operieren können.

SEAL Delivery Vehicle Teams

Diese Einheiten unterhalten und betreiben die Unterwasser-Verbringungsfahrzeuge *(SEAL Delivery Vehicles)*, die von U-Booten ins Einsatzgebiet transportiert werden und die den Kampfschwimmern beim Unterwassermarsch in ihre Operationszone, bzw. wieder zurück zum Boot, wertvolle Dienste leisten. Die von sehr leisen Elektromotoren angetriebenen Tauchfahrzeuge werden auch in Seen und Flüssen eingesetzt. Sie sind in erster Linie für Einsätze gegen maritime Ziele

SDVs werden in so genannten *Dry Dock Shelters* (Trockendock-Behältern) untergebracht, die aus drei Druckkammern bestehen und über eine Schleuse das Umsteigen der SDV-Besatzung ins U-Boot – und umgekehrt – ermöglichen.

gedacht, lassen sich aber auch bei der Räumung von Seeminen, bei der Bergung von gesunkenem Gerät oder zu Vermessungs- und Erkundungsaufgaben einsetzen.

Special Boat Units

Die Bootsstaffeln für Sondereinsätze *(Special Boat Squadrons)* untergliedern sich in *Special Boat Units*. Diesen Einheiten steht eine Reihe von Überwasserfahrzeugen zur Verfügung, darunter das bis zu 50 Knoten (ca. 90 km/h) Fahrt machende Schnellboot *Mk 5 Special Operations Craft*, das leicht gepanzerte Transport- und Landungsboot *Mini Armored Troop Carrier (MATC)*, das Hochgeschwindigkeits-Flusspatrouillenboot *Patrol Boat, River (PBR)*, das rasante *Rigid Hull Inflatable Boat (RIB,* Schlauchboot mit gekieltem Rumpf aus glasfaserverstärktem Kunststoff) oder das kompakte Schlauchboot für Gefechts- und Stoßtrupp-einsätze *Combat Rubber Raiding Craft (CRRC)*.

Auswahl und Ausbildung

Jeder Marine-Angehörige im aktiven Dienst kann sich zu den SEALs melden, sofern er die nötigen gesundheitlichen Voraussetzungen mitbringt und die festgelegte Alters-grenze nicht überschritten hat. Zunächst wird jeder Bewer-ber auf eine fünftägige Einweisung an die Marineschule Great Lakes geschickt, der eine zweiwöchige Aufbauphase folgt. In diesen zwei Wochen erfolgt eine Vorauswahl, bei der die grundsätzliche körperliche und geistige Eignung der Bewerber festgestellt wird. Leute mit erkennbaren kon-ditionellen oder psychischen Schwächen werden nicht zum Auswahl-/Grundlehrgang *BUD/S (Basic Underwater Demolition/SEALs* = Grundlehrgang im Unterwasser-sprengen der SEALs) zugelassen. Der Name täuscht etwas über den wahren Charakter des 25-wöchigen Kurses hin-

Diese beeindruckende Aufnahme zeigt einen sechsköpfigen SEAL-Einsatztupp nebst Bootsteuerer in einem hohe Fahrt laufenden CRRC-Schlauchboot. Die Männer haben ihre Schwimmflossen auf dem Rücken befestigt. Interessant auch das in Ehren ergraute Sturmgewehr M-14 (7,62 mm x 51) mit aufgepflanztem Seitengewehr (rechts), das sich bei den SEALs und anderen Sondereinsatzkräften nach wie vor zeitloser Beliebtheit erfreut.

Das Rudern in der Brandung gehört zu den vielen kräftezehrenden Einlagen, mit denen SEAL-Bewerber während des Grund- und Auswahllehrgangs BUD/S in Coronado mürbe gemacht werden.

weg, denn Unterwassersprengen steht erst ganz am Ende auf dem Dienstplan. Der BUD/S-Lehrgang gliedert sich in die drei nachfolgend erläuterten Abschnitte.

Ausbildungsabschnitt 1

In diesem achtwöchigen Teil 1 werfen viele Bewerber das Handtuch, da sie dem körperlichen und psychischen Dauerstress nicht standhalten können. Dauerläufe, Langstreckenschwimmen und Hindernisbahn wechseln sich mit unter starkem Druck zu bewältigenden Aufgaben und den verschiedensten körperlichen Belastungsübungen und Schickanen ab, zu denen auch das kräftezehrende Rudern in der Brandung gehört. Ein äußerst harscher Ton der Ausbilder, Schlafentzug und ständig nasse Kleidung nagen am Widerstands- und Durchhaltewillen der Bewerber. All das erreicht seinen Höhepunkt in der fünften Woche, der so genannten *Höllenwoche (»Hell Week«)* . Dahinter verbergen sich sechs Tage und Nächte Dauerstress, bleierne Müdigkeit, Muskelschmerzen, Kälte, Nässe, Schlafentzug und andere Entbehrungen. Die Kandidaten haben höchstens vier Stunden am Tag Gelegenheit zum Ruhen, wobei sie keineswegs vier Stunden durchschlafen können, da die Ruhephasen nur stundenweise erfolgen. Wer aufgeben will, kann dies ohne nachteilige Folgen jederzeit tun, ja die Ausbilder ermuntern die Kandidaten ständig dazu. Wer die sechs »Höllen«-Tage durchsteht, lässt erkennen, dass er einen festen Durchhaltewillen besitzt und damit eine der Grundvoraussetzungen erfüllt, um Kampfschwimmer zu werden. In den verbleibenden drei Wochen folgen Schulungen in verschiedenen Verfahren der Küstenvorfeld-Erkundung.

Ausbildungsabschnitt 2

Dieser siebenwöchige Abschnitt konzentriert sich hauptsächlich auf die Schwimmtaucher-Ausbildung. Die Lehrgangsteilnehmer lernen den Umgang mit Tauchgeräten sowohl mit offenem als auch geschlossenem Atemluftkreislauf. Kampfschwimmer-Grundtaktiken, wie zum Beispiel die verdeckte Annäherung unter Wasser und das lautlose Auftauchen bzw. Abtauchen, stehen ebenso auf dem Programm wie andauernde Konditions- und Schwimmübungen.

Ausbildungsabschnitt 3

Der zehnwöchige Lehrgangsabschnitt findet auf der vor der kalifornischen Küste gelegenen Insel San Clemente statt. Er konzentriert sich auf infanteristische Gefechtsausbildung, Späh- und Stoßtrupptaktiken, Orientieren im Gelände, Abseiltechniken und Luftlandeübungen mit dem Hubschrauber, Flusspatrouillen, sowie Waffen- und Schießausbildung. Der Umgang mit Spreng- und Zündmitteln

Auf die großzügige Ausstattung der SEALs mit modernen Booten und Spezialgerät können die meisten Marine-Spezialeinheiten weltweit nur mit Neid blicken. Im Bild ein hochseetüchtiges Schnellboot Mk 5, das über einen Aktionsradius von rund 600 Seemeilen (ca. 1000 km) verfügt und ein Einsatzkommando von 16 voll ausgerüsteten SEALs an Bord nehmen kann. Die Bordbewaffnung besteht aus schweren Maschinengewehren Kaliber .50 und – wie hier zu sehen – aus einer 40-mm-Granatmaschinenwaffe.

an Land sowie unter Wasser bildet einen weiteren Schwerpunkt. Zur Vermittlung der infanteristischen Inhalte können die angehenden SEALs auch an die Ranger-Schule Fort Benning versetzt werden.

Nach erfolgreichem Abschluss der BUD/S-Grundausbildung durchlaufen sie den Springerlehrgang an der Luftlandeschule Fort Benning, bevor sie in einem *SEAL Team* oder *SDV Team* eine sechsmonatige Probezeit hinter sich bringen müssen. Erst danach ist die Ausbildung abgeschlossen und die frischgebackenen SEALs erhalten das

begehrte Kampfschwimmer-Tätigkeitsabzeichen, den goldenen *Trident* (Adler mit Dreizack, Harpune und Pistole), bevor sie ihrem künftigen Stammtruppenteil zugeteilt werden.

In Aufbau- und Speziallehrgängen werden nun die erworbenen Fähigkeiten, Techniken und Taktiken weiter ausgebaut oder durch neue ergänzt. Dazu zählen etwa Kurse im HAHO-/HALO-Springen, die Ausbildung zum SDV-Piloten, zum Scharfschützen, Funk- und Fernmeldespezialisten, Einsatzsanitäter, Sprachmittler usw.

Rechts: SEALs bereiten am Oberdeck eines atomgetriebenen U-Bootes Schlauchboote des Typs *Combat Rubber Raiding Craft* auf ihren Einsatz vor. Sind die Boote fertig und alle Mann im Boot, taucht das Unterseeboot unter ihnen weg. Die Aufnahme entstand während einer Übung in der Karibik.

Oben: Das Kleinstschnellboot RIB *(Rigid-Hull Inflatable Boat)* stellt ein Schlauchboot mit gekieltem Rumpf aus glasfaserverstärktem Kunststoff dar und gilt als nahezu unsinkbar. Es stehen zwei Ausführungen unterschiedlicher Länge zur Verfügung. Hier die 9,30 m lange, größere Version. Höchstgeschwindigkeit 25 Knoten. Das Boot dient hauptsächlich der Verbringung von SEAL-Trupps. Die Aufnahme entstand im Hafen von New York.

Links: Das wendige Flusspatrouillenboot PBR *(Patrol Boat, River)* verfügt über einen geräuscharmen Wasserstaustrahl-Antrieb und kann in sehr flachen Gewässern operieren. Es ist auf den Einsatz in Binnengewässern zugeschnitten. Man beachte das Bordradar und die Bordbewaffnung, bestehend aus einem schweren Bug-MG (12,7 mm x 99) und zwei MG M-60 (7,62 mm x 51) auf Sockellafette (nur das Backbord-MG ist zu sehen). Eine Keramikpanzerung schützt die Insassen gegen Splitter und den Beschuss mit leichten Handwaffen.

Kapitel 8

Sonderverbände des Marineinfanterie-Korps

US Marine Corps Special Operations Capable Units

Das *US Marine Corps (USMC)* ist mit rund 180.000 aktiven Soldaten das größte Marineinfanterie-Korps der Welt und stellt im Grunde eine vierte Teilstreitkraft dar. Es untersteht dem Oberkommando der Marine *(Navy)* und seine Sondereinsatzkräfte folgerichtig dem Naval Special Warfare Command; formell also (noch) nicht dem *US Special Operations Command (SOCOM)*. Trotzdem kamen und kommen diese im Rahmen von Sonderunternehmen unter SOCOM-Führung zum Einsatz, weshalb sie hier vorgestellt werden.

Im *Marine Corps* sind fast sämtliche Waffen- und Truppengattungen vertreten, es verfügt über eigene Panzer- und Fliegerverbände und stellt der *Navy* die so genannten *Marine Expeditionary Units (MEUs,* Marineinfanterie-Expeditionseinheiten) zur Verfügung. Die MEUs in Größe je eines verstärkten Bataillons sind an Bord von amphibischen Landungsschiffen oder Hubschrauberträgern stationiert und

bilden die amphibischen Spezialkräfte der weltweit agierenden US-Flotten. Sie können dank ihrer Ausrüstung, darunter schwere Waffen, wochenlang als selbstständige Kampfgruppen operieren, und werden als *Special Operations Capable (SOC)* bezeichnet – zu Sonderoperationen befähigt. Bestandteil der MEUs sind die so genannten *Maritime Special Purpose Forces (MSPF,* Marineinfanterie-Kräfte zur besonderen Verwendung). Sie sind die eigentlichen SOC-Spezialisten und ausgebildet für amphibische Stoßtruppunternehmen, die Bergung abgeschossener oder notgelandeter Flugzeuge und Hubschrauber und deren Besatzungen aus Feindesland oder Krisengebieten, Antiterror-Einsätze einschließlich Geiselbefreiungen, oder Aufklärung von Stränden und Landungsabschnitten. Die Elite der MSPFs bilden die *Force Reconnaissance Marines*, die Fernspäher des USMC.*

* Umfassend vorgestellt bei Bohrer: US-Eliteverbände, S. 112-125.

Im Zuge einer Geiselbefreiungsübung seilen sich Marineinfanteristen von einem Hubschrauber des Typs Boeing Vertol CH-46Rechts: Sea Knight ab.

Links: Ein Hubschrauber CH-53 der Marinefliegerstaffel 464 des USMC über dem als »Botschaft« bezeichneten Gebäude in der Orts- und Häuserkampfanlage *(Combat Town)* von Camp Lejeune, North Carolina. Hier üben die Sondereinsatzkräfte des Marineinfanterie-Korps neben »sportlichem Häuserkampf« auch die Evakuierung von Personen per Helikopter und die Befreiung von Gefangenen und Geiseln.

Folgende Doppelseite: Ein beeindruckender Blick auf den Bug eines Sikorsky CH-53E Super Stallion des Marine Corps. Unter dem Rotor gut zu erkennen der Lufteinlauf-Fremdkörperabscheider, der Stützschwimmer-Kraftstofftank und der Stutzen zur Luftbetankung (links). Der Schwerlast-Hubschrauber (Leergewicht: rund 15 t) kann eine Kampflast von über 11 t befördern. Auch die Besatzungen der USMC-Hubschrauber müssen zuerst an einer fliegerischen Spezialausbildung teilnehmen, bevor sie mit Sondereinsatzkräften üben und arbeiten dürfen.

Ein Sikorsky CH-53**Rechts:** Super Stallion des Marineinfanterie-Korps im Flug über See. Der Kraftprotz bringt es auf eine Höchstgeschwindigkeit im Horizontalflug von rund 315 km/h bei 25 t Startgewicht. Der Durchmesser des Siebenblatt-Hauptrotors beträgt rund 24 m.

Die Hubschrauber-Besatzungen des USMC verfügen über wertvolle praktische Erfahrung in der Luftbetankung.

Oben und links: Zwei CH-53 werden während einer TRAP/CSAR-Langstrecken-Tieflugübung durch einen KC-130-Versorger in der Luft betankt. Der rechte Kraftstoffschlauch ist länger, damit sich die Hauptrotoren der beiden Hubschrauber beim Anflug nicht berühren, was katastrophale Folgen hätte.

Nicht jeder Marineinfanterist innerhalb einer MSPF kann die anspruchsvolle und langwierige Ausbildung der *Marine Recons* durchlaufen; die meisten haben jedoch verschiedene, von Einheiten des USSOC geleitete Sonderlehrgänge in Camp Lejeune, North Carolina, und Camp Pendleton, Kalifornien, besucht. Dazu gehören etwa der Ranger-Lehrgang und die Springerkurse an der *US Army Airborne School*. Der neunwöchige Aufklärer- und Kommando-Lehrgang an der *Amphibious Reconnaissance School* in Fort Story, Virginia (Außenstellen: Fort A.P. Hill und Key West, Florida) steht jedoch ganz unter der Leitung des USMC. Hier werden die Marineinfanteristen im Umgang mit kleinen Booten, in der Unterwasser- und Strandaufklärung, im Orientieren an Land und auf See, in Abseiltechniken und in Luftlandungen mit Hubschraubern geschult. Weitere Ausbildungsschwerpunkte umfassen Aufklärungs- und Fernspähtaktiken, Anfertigen von Skizzen, Fotografieren von Aufklärungszielen, Funk- und Fernmeldeverfahren, sowie Sprengen. Die Schule führt auch den von Fernspähern der *Ranger* und »Green Berets« geleiteten *Reconnaissance Scout Swimmer Course* (Aufklärungsschwimmer-Lehrgang) und den *Reconnaissance Operations Planning Course* (Lehrgang »Planung von Aufklärungsunternehmen«) durch.

Oben: Teilnehmer eines *Amphibious Reconnaissance*-Lehrgangs schwimmen mit ihrer Ausrüstung an Land, um dort ihren Aufklärungsauftrag auszuführen.

Links: An Bord eines Hubschrauberträgers übt ein Angehöriger einer MEU das schnelle Abgleiten am Tau aus dem Heck eines CH-46 Sea Knight.

Rechts: Marineinfanteristen während einer Luftlandeübung mit Hubschraubern in Südkalifornien. Man beachte die roten Manöverpatronengeräte an den Mündungen der Gewehre. Links vorn mit Funksprechgerät ein Ausbilder.

Oben: Ein Marineinfanterist hält sein Sturmgewehr M-16 A2 im Anschlag, das über ein angesetztes Granatgerät M-203 verfügt. Alles nur Übung – auf der Mündung steckt ein Manöverpatronengerät.

Links: Die Scharfschützen-Ausbildung nimmt beim Marineinfanterie-Korps spätestens seit dem Vietnam-Krieg hohen Stellenwert ein. Es unterhält in Quantico, Virginia, eine eigene Scharfschützenschule, die *USMC Scout-Sniper School*. Sie ist für ihre einsatznahe und umfassende Ausbildung international bekannt. Der abgebildete *Sniper* ist mit dem für die Patrone 7,62 mm x 51 (.308 Winchester) eingerichteten Scharfschützengewehr M-40 A2 bewaffnet, das auf der Remington-Repetierbüchse M 700 beruht. Das aufgesetzte Zielfernrohr mit zehnfacher Vergrößerung stellt die Firma Unertl ausschließlich für das *Marine Corps* her.

Rechts: Hubschrauberträger bilden die schwimmenden Einsatzplattformen der *Marine Expeditionary Units* und sind zusammen mit den Verbänden des Marineinfanterie-Korps wichtiger Bestandteil der Interventions- und Angriffsstreitkräfte der USA. *»Send the Marines«* – schickt die Marineinfanterie – ist in den Vereinigten Staaten längst zu einem geflügelten Wort geworden. Leider werden auch die *Marines* zunehmend als Machtinstrument einer selbstgewählten Weltpolizistenrolle der USA missbraucht oder zur Sicherung weltweiter Ölreserven unter dem Deckmäntelchen der »Wiederherstellung von Freiheit und Demokratie«.

Kapitel 9

Der Afghanistan-Feldzug 2001

Die Operation »Enduring Freedom« war die erste Antwort der USA auf die Anschläge vom 11. September 2001 in Gestalt eines militärischen Großunternehmens. Bei diesem Feldzug spielte das *US Special Operations Command* eine gewichtige Rolle, die seine Stellung weiter festigte und ihm, nebenbei bemerkt, eine Erhöhung des Jahresbudgets von 3,2 Milliarden auf rund 4 Milliarden Dollar einbrachte. Mit Sicherheit führte der Afghanistan-Feldzug zu einer Änderung der US-Militärdoktrin, was die Verwendung von Sondereinsatzkräften angeht. Dies zeigte sich auch im zweiten Golfkrieg: Sonderverbände waren an den meisten Operationen maßgeblich beteiligt, wenngleich die regulären Luft- und Bodenstreitkräfte, der Einsatz modernster Kampfmittel sowie Tausender Tonnen Bomben gegen einen technisch und materiell unterlegenen Gegner letztlich den schnellen Sieg auf dem Gefechtsfeld herbeiführten. Spezialeinheiten brachten wertvolle Aufklärungsergebnisse ein, lenkten Luftangriffe,

mobilisierten Widerstandgruppen und starteten Kommando-Unternehmen gegen wichtige Ziele. Was nach der operativen Phase des Krieges kam, ist, ähnlich wie in Afghanistan, eine ganz andere Geschichte. Jedenfalls stellte der verbundene Einsatz der Spezialtruppen von Heer, Luftwaffe, Marine und Marineinfanterie-Korps in Afghanistan ein Paradebeispiel dafür dar, was sich mit solchen Kräften erreichen lässt. Nicht vergessen werden sollte in diesem Zusammenhang die Einbindung von Spezialeinheiten verbündeter Streitkräfte, darunter Soldaten des britischen *Special Air Service (SAS)*, der *Special Boat Squadron* (SBS), des australischen SAS, verschiedener französischer Sondereinheiten und des deutschen *Kommando Spezialkräfte (KSK)* im späteren Verlauf des Feldzugs bei der Jagd auf führende Taliban und die Al-Qaida-Kämpfer Osama bin Ladens. Auch die *Special Activities Division (SAD)*, der operative Arm des US-Nachrichtendienstes *CIA (Central Intelligence Division)*, war vor Ort aktiv, wie Kenner der Szene berichten.

Ein CH-43 Sea Knight des USMC bei der Landung in Camp Rhino.

Kämpfer der Nordallianz und US »Green Berets« hoch zu Ross. Manch ein *Special Forces*-Soldat musste seinen Allerwertesten erst schmerzhaft an den 1-PS-Hafermotor gewöhnen.

Ihre größten Erfolge erzielten die Sondereinsatzkräfte als Fernspäher und Aufklärer, Vorgeschobene Beobachter für Luftwaffe und Artillerie, sowie als Militärberater der so genannten Nordallianz. In enger Zusammenarbeit mit verbündeten afghanischen Stammeskriegern und den US-Luftstreitkräften bewirkten sie, dass der bewaffnete Widerstand der Taliban so schnell zusammenbrach. Die Chaoten-Herrschaft der religiösen Extremisten hatte es vielen Afghanen leicht gemacht, die »ungläubigen« Amerikaner und ihre Verbündeten zu unterstützen.

Konkret: Einsatztrupps der *5th Special Forces Group (Airborne)*, der SEALs und der *Air Force Combat Controller* machten wichtige Ziele aus, steuerten Laser-gelenkte Bomben ins Ziel und versorgten die verbündeten Stammesmilizen mit Waffen, Munition, Nachschub und taktischem Wissen. Neben den regulären Kampfflugzeug-

Marineinfanteristen der 15th und 26th MEU (SOC) in ihrem Feldlager außerhalb von Kandahar. Links ein 8-Rad-Schützenpanzer LAV 25, der sich als Außenlast von einem CH-53E-Hubschrauber transportieren lässt.

Staffeln der Luftwaffe kamen die fliegenden AFSOC-Spezialverbände mit ihren AC-130 Spooky Gunships, MC-130H Combat Talons und MH-53M Pave Low-Hubschrauber umfassend zum Einsatz. Zu den größeren Operationen gehörte die Fallschirmlandung des 75. (Luftlande) Ranger-Regiments in der Nacht des 20. Oktober 2001 rund 90 km südlich Kandahars, die zur Einnahme des Feldflugplatzes »Rhino« führte. Gleichzeitig stürmte ein aus SEALs und Delta-Soldaten zusammengestellter Kommandotrupp eine

Taliban-Führungszentrale in Kandahar. Der Fuchs war jedoch nicht mehr im Bau und die Kommandos setzten sich nach heftigen Feuergefechten in Hubschraubern ab; so auch die Ranger von »Rhino«, deren Sicherungsaufgabe damit erfüllt war. »Rhino« sollte in der nächsten Phase der Operation »Enduring Freedom«, der Jagd auf Taliban und Al Quaida, erneut für Schlagzeilen sorgen: In der Nacht zum 26. November besetzten »Ledernacken« der *15th Marine Expeditionary Unit* den kleinen Feldflugplatz im Zuge einer

Ein Hubschrauberpilot des USMC überprüft die Turbine seines CH-53E vor einem Einsatzflug in Camp Rhino.

Hubschrauber-Luftlandung und bauten ihn zum vorgeschobenen Stützpunkt aus. »Camp Rhino« (Lager Nashorn) diente jetzt als Sprungbrett zur Sicherung des Flughafens von Kandahar, für Unternehmen gegen Nachschub und Fluchtwege der Taliban nach Pakistan, sowie für weitere Einsätze von Luftstreitkräften und Jagdkommandos.

Mit der Bergung abgestürzter Hubschrauberbesatzungen und der Befreiung von Taliban-Gefangenen setzten die Spezialeinheiten weitere Meilensteine, bevor es im Dezember 2001 an die Zerschlagung der letzten Taliban-Widerstandsnester und die Durchkämmung der Höhlen-

Trotz der Unterstützung durch modernste und mit allen elektronischen Raffinessen bestückte Hubschrauber konnten die Spezialeinheiten im unzugänglichen Terrain auf Esel und Pferde als Transportmittel nicht verzichten.

labyrinthe in der abgelegenen Bergregion südlich Tora Boras ging (Operation »Anaconda«).

Man könnte ganze Bücher über die Spezialeinheiten in Afghanistan schreiben. Ihr Einsatz bei der Zerschlagung des Taliban-Regimes war ein voller Erfolg; bei der Jagd auf Al-Quaida und Osama bin Laden blieb es bei Teilerfolgen. Mittlerweile haben die USA ihre Sondereinsatzkräfte und die Masse ihrer Truppen aus Afghanistan abgezogen, um den Schutz der »jungen Demokratie« einem Kontingent aus den Streitkräften vieler Nationen zu übertragen; die sich auch finanziell kräftig am »Aufbau des Landes« beteiligen dürfen. So schützen auch Bundeswehr-Soldaten die neue Regierung in Kabul, deren Einfluss kaum über die Stadtgrenzen hinausreichen dürfte, und verfolgen mit geschulterter Waffe das Reifen der Mohnfelder in der Provinz Kundus, deren Ernte auch in Europa Abnehmer finden dürfte. Überlassen wir daher das letzte Wort keinem Amerikaner, sondern Bundesverteidigungsminister Struck: *»Deutschland wird auch am Hindukusch verteidigt«*.

Oben: *US Marines* bei der Durchsuchung von Taliban-Gefangenen in Kandahar. Viele wurden anschließend ins berüchtigte Lager Guantanamo auf Kuba verbracht, wo sie unter zum Teil fragwürdigen Bedingungen einsitzen.

Links: Ein schwer bepackter *Marine* der 15th MEU in Camp Rhino. Im Hintergrund SuperCobra-Kampfhubschrauber des USMC-Verbandes.

Unten: Der Bell AH-1W SuperCobra kann mit einer Vielzahl von Waffen bestückt werden und stellt den »Jagdhund der Lüfte« der MEU-Kampfgruppen dar.

Literatur

Bohrer, David
US-Eliteverbände. SEALs, Green Berets, Rangers, USAF Special Operations, Marine Force Recon.
Motorbuch Verlag, Stuttgart 2001.

Bowden, Mark
Black Hawk Down.
Corgi Books, London 1999.

Brookesmith, Peter
Scharfschützen. Geschichte, Taktik, Waffen.
2. Aufl., Motorbuch Verlag, Stuttgart 2004.

Gander, Terry
Moderne Maschinengewehre. Eine internationale Übersicht.
Motorbuch Verlag, Stuttgart 2000.

Gunston, Bill/Spick, Mike
Moderne Militärhubschrauber. Technik, Taktik, Bewaffnung.
4. überarb. u. erg. Aufl.,
Motorbuch Verlag, Stuttgart 1997.

Hogg, Ian
Moderne Scharfschützengewehre. Waffen und Gerät Band 7.
Motorbuch Verlag, Stuttgart 2000.

ders.
Infanterie-Unterstützungswaffen. Waffen und Gerät Band 4.
Motorbuch Verlag, Stuttgart 1997.

Isby, David C.
Leave no Man behind. Liberation and Capture Missions.
Weidenfeld & Nicolson, London 2004.

Metzner, Frank/Friedrich, Joachim
Polizei-Sondereinheiten Europas.
Geschichte, Aufgaben, Einsätze.
Motorbuch Verlag, Stuttgart 2002.

Naval Special Warfare Command (Hrsg.)
Naval Special Warfare Fact File.
NAB Coronado, San Diego 1993.

Schauer, Hartmut
US Air Commandos. Die »Special Forces« aus der Luft.
Motorbuch Verlag, Stuttgart 2002.

ders.
US Navy SEALs.
Kampfschwimmer, Kommandos, Antiterror-Truppe.
Motorbuch Verlag, Stuttgart 1998.

ders.
Ledernacken.
Das US Marine Corps. Geschichte, Ausbildung, Einsatz.
Motorbuch Verlag, Stuttgart 1993.

ders.
Soldaten aus dem Dunkel. Die US Green Berets –
Fallschirmjäger, Partisanen, Militärberater.
4. erw. Aufl.,
Motorbuch Verlag, Stuttgart 1993.

ders.
US Rangers. Geschichte einer Elitetruppe.
Motorbuch Verlag, 3. Aufl.,
Stuttgart 1992.

Sievert, Kaj-Gunnar
Kommando-Unternehmen.
Spezialeinheiten im weltweiten Einsatz.
Mittler & Sohn, Hamburg 2004.

Taylor, Michael J. H.
Moderne Kampfhubschrauber und Jagdbomber.
Waffen und Gerät Band 8.
Motorbuch Verlag, Stuttgart 2000.

Thompson, Leroy
Einsatzflinten. Waffen und Gerät Band 11.
Motorbuch Verlag, Stuttgart 2004

White, Terry
Eliteverbände der Welt. Ausbildung, Bewaffnung, Einsätze.
Motorbuch Verlag, Stuttgart 1995.